Lothar Röhrig

Soziale Kompetenz erheblich verbessern mit einfachen Übungen

Biologische und psychische Ursachen verhindern wirksam vernünftiges Verhalten.

Das kann man unwirksam machen.

Nur gutwillig sein reicht nicht.

Es gibt wirklich einfache und praktische Wege,
diese Hindernisse unwirksam zu machen
und zu besseren Beziehungen,
zu Resonanz zu anderen Menschen zu gelangen
und damit einen Beitrag zu einer menschengerechteren
Gesellschaft mit weniger Gewalt
und Krieg zu leisten.

Inhaltsverzeichnis

Vorwort:

Durch jahrzehntelange Fortbildungserfahrung in Coachings, Seminaren und Organisations-beratungen und Therapien (siehe ivt-hamm.de) erhärtete sich immer mehr ein Verdacht:

Hochmotivierte und intelligente Menschen verstehen zwar vieles schnell, aber bei ihren Bemühungen um ihre Persönlichkeitsentwicklung erleben sie immer wieder die gleichen sehr hinderlichen Probleme und stehen vor Hindernissen, die nur zu ziemlich unbefriedigenden Teilerfolgen führen.

Das muss absolut nicht sein. Wirklich kompetentes Verhalten kann man mit einigem Zusatzwissen, Vernunft und individuellen Übungen tatsächlich erreichen. Aber nun zur Sache:

Warum können wir uns nicht vernünftig verhalten?

Die allermeisten Menschen sind sich sicher, dass sie zu den guten gehören. Das ist für ihr Selbst-wertsystem auch sehr sinnvoll und erforderlich. Gleichzeitig gibt es unerträglich viel Gewalt, Hunger, Krieg und Ungerechtigkeiten.

Wie kann das sein?

Schon in der alltäglichen Kommunikation ergibt sich eine ähnliche Diskrepanz. Menschen haben sehr oft Schwierigkeiten zu verstehen, was der andere wirklich meint. Das verursacht häufig Missverständnisse. Auf die

Frage: *„Was sollte man tun, wenn ein Mensch mit einem Problem kommt?"* sagen nahezu 100% der Gefragten: *„**Natürlich zuhören!**"* Wenn man aber genau beobachtet und testet, so merkt man, dass das ca. 85% der Getesteten <u>nicht</u> machen. Sie hören manchmal nur einen Satz oder einen Teil davon und fangen dann an, von sich zu erzählen. Oder sie machen vielleicht Vorschläge, weil sie helfen und gut sein wollen. Andere relativieren oder schwächen ab, weil sie das Leid reduzieren möchten. Das macht für Verstehen keinen Sinn und funktioniert so nicht.

Sind wir unfähig, einen besseren Weg zu gehen?

Beim Senden ist es nicht viel besser. Beinahe alle Menschen sagen: *„Wenn ein Mensch ein Problem hat, sollte er darüber reden".* Was machen wir aber? Der allergrößte Teil der Menschen redet über das, was andere gemacht haben und nicht über sich selbst. Sie erzählen Geschichten. Warum tun die Menschen das? Sind wir zu dumm? Wir wissen es doch genau, dass es so falsch ist. Gute Beziehungen und mögliche Resonanzen mit Menschen und der mögliche Zauber einer anteilnehmenden und verständnisvollen Gesellschaft ohne Kriege und mit wenig Aggressionen werden so systematisch verhindert.

Es gibt eine gute beruhigende Nachricht. Wir sind <u>nicht</u> zu dumm. Unsere Psyche und unser Gehirn funktionieren anders als wir es uns in diesen Fällen wünschen und es auch notwendig wäre. Unsere Psyche und unser Gehirn verhindern sinnvoll zuzuhören, echt zu senden und häufig auch dabei empathisch und freundlich zu sein. Das ist so, auch wenn wir es gut machen wollen. Wir schädigen uns und andere regelmäßig selbst. Zusätzlich wird auch Angst ungünstig bearbeitet und alles und immer bewertet und eine mögliche Schuld bei anderen gesucht. Das funktioniert automatisch, ist natürlich und normal aber sehr ungünstig, wirklichkeitsfremd und sehr konfliktträchtig.

Ein erster biologischer Grund: Mit ca. drei Jahren fangen wir schon an, unser individuelles Selbst zu bilden. Es heißt jetzt nicht mehr: „Thomas will ..., sondern „**ICH will!**" Das ist eigentlich die wahre Geburt des Menschen und des Individuums. Wir nennen das in Unkenntnis in der Erziehung häufig „die erste Trotzphase". Gleichzeitig müssen die kleinen Menschen wegen der ab jetzt auftretenden Vergleiche neben möglicher Eifersucht sofort zusätzlich auf ihren Selbstwert aufpassen. Das führt dazu, dass nahezu <u>alle</u> Menschen eine wirklichkeitsfremde „egozentrische" Verzerrung ausbilden. Einfach ausgedrückt lautet diese:

Was gut ist, habe ich gemacht. Was schlecht gelaufen ist, haben andere verursacht!!

Das ist natürlich falsch und schädlich für das Zusammenleben, schützt unser Selbstwertkonzept aber sehr gut. Leider werden persönliche Verbesserungen so systematisch verhindert. Bei all dem angesprochenen paradoxen Verhalten liegen auch kausale „natürliche" Ursachen dahinter, die im Laufe der Jahre ungünstige Gewohnheiten verursacht haben, die nichts mit Faulheit, Dummheit oder Unwillen zu tun haben. Diese Ursachen und Gewohnheiten sollte man kennen und beachten. Erst dann wird es möglich, sie zu beeinflussen oder sie sogar vollständig unwirksam zu machen.

Noch eine gute Nachricht: Mittlerweile ist es eine gut abgesicherte Erkenntnis, dass der Mensch sehr gute empathische Veranlagung hat, dass er aus verschiedensten Gründen hilfsbereit und fürsorglich sein will und Freundlichkeit, Wertschätzung und Harmonie anstrebt. Wie das mit einfachen Mittel wirklich möglich ist, wird auf den nächsten Seiten vorgestellt.

Bis dahin nimmt die Zahl der Streitigkeiten zu und Gewalt in den Beziehungen nicht ab. Beinahe jede zweite Ehe wird geschieden. Die Gerichte stehen vor einem riesigen Berg von Klagen. Auch die Arbeitszufriedenheit sinkt kontinuierlich. Kriege und Gewaltanwendungen nehmen nicht ab.

Geleichzeitig steigen in den „reicheren" Ländern die Ansprüche und Erwartungen an die Gesellschaft, an Politik, Vorgesetzte, Unternehmen, Beziehungen und andere Menschen. Eine allgemeine Unzufriedenheit und Unsicherheit machen sich breit. Wir suchen aus angeborenem Verhalten nach Ursachen und Verursachern, bilden deshalb schnell zusätzlich noch Feindbilder, lassen kaum ein gutes Haar an den „Opfern" und bewerten alles und jeden um uns herum. Helfen kann dabei individuelle Macht, die jetzt gesucht wird. Wir bereiten den Boden für Konflikte, Ausgrenzung und Streit. Passt das alles zusammen, ist das sinnvoll, sollten wir nicht alle an Verbesserungen arbeiten?

Obwohl unser Unbewusstes die allermeisten Entscheidungen und das Verhalten steuert, haben wir überwiegend den Eindruck, wir hätten alles unter Kontrolle. Der „Verstand" allein hat leider eine schwache Position gegenüber unserer Biologie und unserer Psyche. Er arbeitet viel zu langsam und ist sehr störanfällig. Fachleute gehen davon aus, dass bis zu 95% unserer Reaktionen vom Unbewussten (Unterbewusstsein) gesteuert werden. Erst wenn wir die wirkenden Funktionen kennen und uns genau beobachten und anfangen uns selbst zu steuern, kann es deutlich besser werden. Das wäre ein guter Weg und das geht tatsächlich. Es reicht allerdings nicht, ein Buch zu lesen. Die notwendigen Verhaltensänderungen sind nur durch Anstrengung zu erwerben. Es beginnt zwar mit dem Verstehen und benötigt aber disziplinierte Umsetzung und Übung über eine längere Zeit. Dann kann das Ergebnis aber unglaublich gut sein.

Es gibt diese Hintergründe tatsächlich, die nicht genug beachtet werden, die etwas zu einer erträglichen Erklärung und Entschuldigung beitragen können, die man teilweise wirklich unwirksam machen kann! Davon soll jetzt die Rede sein. Wenn wir die Hintergründe erst kennen, gibt es auch einige gut wirksame und praktische Lösungsmöglichkeiten.

Dieses Buch beschäftigt sich deshalb auf den nächsten Seiten überwiegend mit diesen biologischen und psychologischen Ursachen, mit Kausalitäten, die die ungünstigen und unbrauchbaren Ergebnisse auslösen, fördern oder hervorrufen und es bietet Lösungen an. Wie schon gesagt, die Ursachen zu kennen, ist die erste unverzichtbare Voraussetzung für Verstehen und Veränderung. Damit ergeben sich auch unbekanntere Wege aus dem Dilemma, die ebenfalls hier vorgestellt werden. Zunächst sind es Einzelthemen. Das ist ein guter Beginn. Aber jeden Tag in jeder Situation an alle einzelnen Anregungen zu denken, wird sehr schwierig sein. Es gibt aber auch dafür eine gute Lösung. Es ist ein großer Glücksfall, dass es möglich ist, alles zu <u>einer</u> Kompetenz zu verdichten. Zum Schluss besteht die einzigartige und wunderbare Möglichkeit, alles zu einer Einzelfähigkeit zu verbinden und täglich anzuwenden. Man muss dann nur noch an eine Sache denken, die man ausgesucht hat und beliebig wechseln kann und „TUN".

Wenn Sie das Buch, wie üblich, von vorn bis zum Ende lesen wollen, geht das natürlich. Allerdings hat die Erfahrung gezeigt, dass eine kleine Änderung in der Reihenfolge sich sehr positiv auswirkt. Mit der leichten und auch etwas lustigen Übung: **„Kompetenzerweiterung durch Ausatmen"** (Seite 112) ist ein sehr praktischer und relativ leichter Anfang möglich, der durch eine Reihe von Einzelheiten bei jedem neuen Kapitel ergänzt werden kann. Die in der Übung gewonnene Zeitspanne von 2-4 sec. reicht aus, nahezu alle anderen jetzt vorgestellten Interventionen einfließen zu lassen und die negativen Auswirkungen zu einem großen Teil abzuschwächen oder unschädlich zu machen.[1] Das erleichtert alles sehr und macht die vielen Anregungen praktisch viel tauglicher. Hintergrund bei dieser Übung ist die philosophische Empfehlung möglichst einen „stillen inneren Beobachter" einzurichten. Der alles mitbekommt und Ungünstiges

---

[1] Übungen vervielfachen den Erfolg, <u>tägliche</u> kleine Übungen sind unglaublich wirksam, Wissen allein nicht.

stoppt. Dieses Konzept ist extrem wirkungsvoll, wenn man es versteht und auch anwendet[2]. Die Voraussetzungen dafür werden vorgestellt und mit einfachen Übungen angereichert.

Sie könnten im Verlaufe des Buches in Ruhe alle Einzelheiten ausprobieren und für sich ein individuelles Paket schnüren. Sie können im Laufe der Zeit, die angewendeten Inhalte immer neu zusammenstellen. Deshalb ziehen Sie diese Übung zu Punkt 6 nach Möglichkeit vor und benutzen Sie diese an allen sich bietenden Möglichkeiten des Buchinhaltes und des realen Lebens (ab Seite 112). Fangen Sie nach dem Lesen an, das täglich zu üben und lesen dann alles in Ruhe von Anfang an. Bei den dazugehörenden anderen Punkten werden immer kleine Hinweise gegeben, damit sich alles verbinden lässt. Es ist auch kein Problem, ein für Sie weniger interessantes Thema zunächst zu überspringen und erst bei Bedarf später noch zu lesen.

Sie persönlich haben jetzt schon einen wichtigen Schritt getan. Sie haben mit einiger Neugier ein Motiv für Verstehen und Veränderungen entwickelt. Damit eine wirkliche Chance entstehen kann, ist es erforderlich, neben Hinweisen, Übungen und „Vorschlägen" auch zusätzlich etwas Genaueres über die Hindernisse unserer menschlichen Natur zu wissen. Damit ist ausdrücklich nicht nur unser „innere Schweinehund" gemeint. Es geht um die unbekannteren Hindernisse in unserem Gehirn, in unserer Wahrnehmung, Kommunikation und Psyche, die neben vorhandener Bequemlichkeit, einem üblichen Veränderungswiderstand und „normalen" Abwehraktionen unseres Selbstwertkonzeptes wirklichen

---

[2] Ähnliches schlägt C. Rieck vor: Anleitung zur Selbstüberlistung

Fortschritt systematisch <u>verhindern</u>. Auf die werden wir genauer eingehen müssen. Davon soll ab jetzt in diesem Buch die Rede sein. Es wird sich für Sie absolut lohnen.

1. Wirkliche Verständigung ist eigentlich nicht möglich.

„Du verstehst mich nicht!" Den Satz kennt fast jeder. Alltägliche Kommunikation ist, wie manche sagen, das Wissenschaftsgebiet des Missverständnisses. In der Tat gibt es sehr viel mehr Möglichkeiten, sich „miss zu verstehen", als wirkliche Verständigung herzustellen. Den darin wohnenden alltäglichen Problemen kann man am besten damit begegnen, dass man zusätzliches Wissen erlangt und neue Kompetenzen erwirbt. Menschen sollten lernen, Missverständnisse wesentlich zu verringern und Verständnis <u>sicher</u> herzustellen. Das geht einfacher, als man zunächst denkt. Es ist vergleichbar mit dem Erlernen des Klavierspielens. Es geht zunächst darum, ausreichend viel zu üben und alle Tasten harmonisch zu nutzen. Man kann dann mit den gelernten Einzelheiten spielen, sie benutzen, aneinanderreihen, Pausen machen, wiedereinsetzen, dem anderen ein Solo vorbereiten oder, wenn es passt, auch nur klimpern. Nur etwas darüber zu lesen, ist zu wenig. „TUN" ist das Schlagwort.

Mit großer Sicherheit kann schon heute gesagt werden, dass eine verbesserte soziale Kommunikationskompetenz eine wichtige Voraussetzung für eine menschlichere Gesellschaft sein wird. Dazu müssen aber einige Grundfehler erkannt und auch Lösungen angesprochen und angegangen werden.

Fehlerhafte persönliche Wahrnehmung

Wir sehen nur unsere eigenen Bilder, nicht die der anderen Menschen, und wir haben auch nur unsere eigenen Gefühle dazu. Das gilt prinzipiell für alle unsere Sinnesorgane und für die komplette Wahrnehmung. Wir sehen z.B. nur das, was wir kennen. Das Auge sendet Millionen Informationen an den Thalamus, der sendet weiter an das Sehfeld. Dort sucht unser Gehirn nach Bekanntem und sendet bis zu fünfmal so viele Daten zurück. Daraus ergibt sich dann unsere Wahrnehmung, also aus ca. 16% Erinnerungsspuren und Erfahrungen. Da das normalerweise schnell Unglauben erzeugt und sogar für alle Sinnesorgane zutrifft, machen wir häufig in Seminaren dazu eine kleine Übung.

Die Teilnehmer sitzen im Kreis, jeder legt seinem Nachbarn eine Hand auf die Schulter. Für jeden ist klar: *Ich fühle den Nachbarn, und es ist seine Hand auf meiner Schulter.* Was nehmen wir aber tatsächlich wahr? Wenn sich die Teilnehmer*innen darauf konzentrieren können und sich nicht bewegen, finden sie erschreckend deutlich bestätigt, dass nur ihre Hand z.B. durch die eigenen Drucksensoren meldet: *Da ist was!* Die anderen vorhandenen Sinneszellen melden: *Es ist warm, hart und gleichzeitig weich.* Sollten sie die Hand trotzdem bewegen, wird die wahre Bedeutung des Wortes „begreifen" offensichtlich.

Was sagt uns unser Körper über die andere Hand, die auf unserer Schulter liegt? Wir spüren nur, dass etwas drückt und relativ warm ist. Es wird dabei sehr deutlich, dass wir <u>nur uns selbst</u> wahrnehmen, nämlich unsere eigene Schulter, unsere eigene Hand, nicht den anderen Menschen. Unser Gehirn schließt natürlich schnell die entstandenen Lücken und suggeriert uns etwas völlig anderes. Das gilt für alle unsere Sinne. Wir können andere Menschen nur begreifen und ihnen näherkommen über uns selbst und über unsere eigenen Haltungen, Bilder, Gefühle und Ansichten. Das ist so und verursacht automatisch viele Fehler.

Um alles überschaubarer, bearbeitbar und greifbar zu machen, teilen wir jetzt die möglichen Lebenssachverhalte in drei Gruppen ein:

A) Es kommt jemand, der ein Problem hat.
B) Ich selbst habe ein Problem.
C) Parteien haben miteinander Probleme.

Fallgruppe A
Jemand hat ein Problem.
Was ist zu tun?
„Wir müssen natürlich zuhören."
Psychologen werden das ein wenig ergänzen und sagen, dass wir den Menschen mit seinem Problem annehmen müssen! Was tun wir normalerweise tatsächlich? Wir hören circa einen halben Satz zu, dann fangen wir an, über uns selbst und unsere Bilder und Sichtweisen zu erzählen oder machen Vorschläge und relativieren. Das ist besonders unverständlich, weil in den ersten Sekunden unsere Spiegelneuronen[3] emphatisch auf die besorgnisausstrahlenden Signale des Senders reagieren. Aber schon nach sehr kurzer Zeit,

---

[3] Das sind besondere Nervenzellen, die sich in unserem Stirnlappen befinden und soziales Verhalten steuern.

nachdem wir die ersten Teile der gesendeten Sprache entschlüsselt haben, wendet sich das Blatt, und wir
sind ausschließlich bei uns selbst, bei unseren eigenen Bildern
und Gefühlen, in unserem eigenen Kosmos.

Dieses Verhalten ist so extrem stark verbreitet, dass
nach verschiedenen Untersuchungen in 70 bis 95 %[4] aller Fälle ein solcher Unsinn eintritt. Wir stoßen den
Problembesitzer damit weg. Wirkliche Nähe oder sogar eine Resonanz kann so nicht entstehen. Im Gegenteil, dadurch treten negative Empfindungen bei
dem Problembesitzer auf. Häufig fällt das schon gar
nicht mehr auf, weil wir es kennen und schon so erwarten. Wenn Sie daran interessiert sind, mit Menschen wirklich in Resonanz zu treten und auch Beziehungen besser zu gestalten, dann ist dieses Thema
von größter Bedeutung für Sie.

Wie ist das zu erklären und zu verändern?
Wenn jemand etwas sagen will, dann hat er zunächst
ein Gefühl und sieht für eine bestimmte Zeit ein dazu
gehörendes Bild. Unsere benutze Sprache ist überhaupt nicht in der Lage, selbst bei sprachlich geschulten Menschen, das aktuelle Gefühl und das aktuelle
Bild so zu beschreiben, dass der Empfänger genau

---

[4] Mehrere Jahre haben Studenten Hunderte von Beispielen bei Bekannten und Verwandten getestet. Wenn Sie das auch wollen, um es
besser glauben zu können, nehmen Sie nur die Anfangssätze (nicht
die Lösungsbeispiele) von der ersten Übung und tragen Sie diese jemandem vor mit der Bitte, darauf direkt zu reagieren. Sie werden erstaunt oder entsetzt sein.

das sieht, wahrnimmt und erkennt. Wir müssen uns leider der üblichen Worte mit unterschiedlicher Bedeutung und Grammatik bedienen. In unserem Gehirn suchen wir deshalb nach Begriffen und Formulierungen, die das Gewünschte darstellen könnten. Wir verschlüsseln das Gefühl und das Bild in Worte und Satzbau. Zunächst muss man sich verdeutlichen, dass Worte sehr missverständlich sind. Nehmen wir zum Beispiel das Wort „FLÜGEL." Das kann der Flügel auf dem Fußballfeld sein oder der eines Vogels oder Flugzeuges oder ein Musikinstrument. (In der Nähe der Mittagszeit sieht vermutlich der eine oder andere sogar eine schmackhafte Mahlzeit mit Geflügel.)

Nehmen wir ein angeblich eindeutigeres Wort, einen „BAUM." Obwohl klar ist, dass es eine große Pflanze bezeichnet, sehen vermutlich alle Menschen auf diesem Planeten ein völlig unterschiedliches Bild. Je nach Einstellung handelt es sich dann um eine vertrocknete oder von Schädlingen befallene oder um eine schöne oder wunderbare Erscheinung. Die Worte müssen nahezu immer zusätzlich genauer erklärt werden. Der Empfänger bekommt nur das einzelne Wort mit und muss alles zur Verfügung Stehende nutzen, also auch Nonverbales, um wirklich verstehen zu können. Er hat aber für die Entschlüsselung nur seine eigenen Bilder und Gefühle zur Verfügung. <u>Unsere Sprache ist die Hauptursache für Missverständnisse</u>.

Aus den gesendeten, missverständlichen Worten des Betroffenen soll der Empfänger das <u>gleiche</u> Bild ableiten, sehen und auch das Gleiche empfinden wie der Sender. Das geht eigentlich nicht.

Der sagt beispielsweise: *„Hör mal, meine Schwiegermutter ist unmöglich."* Er sieht aktuell das Bild <u>seiner</u> Schwiegermutter und hat ein schlechtes Gefühl dabei. Der Empfänger versteht "Schwiegermutter" und sieht sofort das Bild <u>seiner</u> Schwiegermutter und hat das dazu gehörende Gefühl. Das hat aber auch gar nichts miteinander zu tun. Gemeinsam ist nur, dass es um Schwiegermütter geht. Selbst die Gefühle können einmal negativ und auf der anderen Seite positiv sein. Was hat man bis dahin verstanden? Selbst wenn die nächsten Sätze das störende Verhalten der Schwiegermutter schildern, bessert es sich nicht. Weil sofort die Erfahrungen mit der eigenen Schwiegermutter oder mit Schwiegermüttern im Allgemeinen auftauchen werden. Deshalb sagen manche Zuhörer an dieser Stelle: *„Ja, genau wie bei meiner Schwiegermutter, die macht nämlich folgendes...."* Das ist nur für den Sprecher interessant und hat mit Verstehen und Zuhören absolut nichts zu tun, im Gegenteil, es verärgert meist.

Da wir solche Interaktionen kennen, warten wir etwas verärgert einen Moment und sagen dann wieder etwas von unserer Schwiegermutter. Viele Gespräche kommen aus diesem Unsinn gar nicht mehr heraus. Diese „kleine" Fehlerquelle ist vermutlich mitverantwortlich für viele Streitfälle und für Konflikte. Machen wir uns aber klar, dass das <u>völlig normales Verhalten ist</u>.

Wir müssen alles verschlüsseln und entschlüsseln. Lässt man es wie gewohnt geschehen, so ist es sehr schnell unpassend, destruktiv, stößt den Problembesitzer weg, ist letztlich inkompetent und verhindert Resonanz zum Mitmenschen. So kann wirkliche Beziehung nicht funktionieren.

Lösung:
Der Mensch ist vermutlich das einzige Lebewesen, das sich selbst beobachten und analysieren kann. Das machen wir auch ständig. Es ist also nichts Besonderes. Bei jedem Zuhören z.B. wäre es sehr leicht möglich, den Entschlüsselungsvorgang zu bemerken und zu beobachten. Das geht besonders gut, wenn Sie sich angewöhnt haben, erst einmal ruhig auszuatmen. (bitte möglichst erst die Übung dazu lesen auf Seite 112) Sie könnten dabei ziemlich schnell zu sich selbst sagen: *„Achtung, du siehst jetzt <u>deine</u> Schwiegermutter, es geht aber um seine und um sein Problem. Wie schaut er denn eigentlich gerade? Ist er sehr sauer?"* Danach wäre es leicht zu sagen: *„Du bist sehr sauer auf sie."* Es sollte nicht als Frage mit einem Fragzeichen versehen sein. Sie sollten nur rückmelden, was Sie verstanden haben. Wenn Sie dann ein „JA" geantwortet bekommen, dann sind Sie auf dem richtigen Weg. Wenn Sie das ausprobieren, werden Sie überrascht sein, welche starke positive Wirkung eintritt. Möglicherweise ist es für Ihren Gesprächspartner das erste Mal, dass jemand wirklich nur zu-

hört und vielleicht auch etwas versteht. Darauf warten eigentlich alle. So tritt auch schnell eine Resonanz zu anderen ein, nach der sich nahezu alle Menschen sehen.

Es ist Ihnen jetzt bestimmt klar, dass es ohne disziplinierte Übung nicht geht. Wir werden sowieso häufig wieder in die alten Fehler zurückfallen. Deshalb nehmen Sie sich lieber jeden Tag eine kleine Zeit vor, in der geübt wird.

Besonders bedeutend kann diese menschliche Fähigkeit zur Empathie auch für asymmetrische Beziehungen sein, in denen ein Wertunterschied zwischen den Gesprächspartnern vorhanden ist oder geglaubt wird z.B. im „Erziehungsprozess" (Lehrer / Schüler - Eltern / Kinder usw.). Auch hier ist eine resonante, annehmende und symmetrischere Beziehung möglich. Der Lehrer fragt z.B.: *„Wieviel ist 4+4?"* Bei einer Antwort 9 kommt ziemlich schnell und deutlich: *„Nein, das ist falsch, 8 wäre richtig gewesen."*

Dieser Lehrer ist jetzt bei sich und in seiner geglaubten Rolle. So geht eine nahe, resonante und lernförderliche Beziehung natürlich nicht. Er stößt den Schüler weg und erniedrigt ihn, auch wenn er das nicht will. Sagt er aber <u>ehrlichen</u> Herzens: *„Neun? Das ist aber interessant! Wie bist du denn darauf gekommen?"* So bleibt er beim Schüler. Das geht natürlich auch bei komplexeren Themen. Es erzeugt langfristig völlig andere Beziehungen. Schön wäre es, wenn das auch schon unsere Kinder erleben könnten.

Bis zu diesem Punkt haben wir das Zuhören sehr technisch durchleuchtet und Verbesserungsmöglichkeiten aufgezeigt. Das greift aber zu kurz. Wirklich emphatisches Zuhören ist vermutlich der wichtigste Nährboden für gute Beziehungen und eine hoffnungsvolle Quelle für ein verbessertes Zusammenleben in der Gesellschaft. Um eine Vorstellung von zusätzlichen Hintergründen und ein Gefühl für die mögliche Bedeutung zu bekommen, habe ich einen Brief aus den 70er Jahren herausgesucht, deren Herkunft nicht mehr genau festzustellen ist, der aber einen viel tieferen Eindruck von der möglichen Bedeutung liefern kann.

Brief eines unbekannten Studenten
Bitte höre, was ich nicht sage! Lass dich nicht von mir narren. Lass dich nicht durch das Gesicht täuschen, das ich mache. Denn ich trage tausend Masken - Masken, die ich fürchte abzulegen. Und keine davon bin ich. So tun als ob, das ist eine Kunst, die mir zur zweiten Natur wurde. Aber lass Dich dadurch nicht täuschen, um Gottes willen, lass Dich nicht von mir narren. Ich mache den Eindruck, als sei ich umgänglich, als sei alles sonnig und heiter in mir, innen wie außen, als sei mein Name Vertrauen und mein Spiel die Kühle, als sei ich ein stilles Wasser und als könne ich über alles bestimmen, so als brauchte ich niemanden. Aber glaub mir nicht, bitte glaub mir nicht! Mein Äußeres mag sicher erscheinen, aber es ist meine Maske. Darunter ist nichts Entsprechendes. Darunter bin ich, wie ich wirklich bin: verwirrt, in Furcht und alleine. Aber ich verberge das. Ich möchte nicht, dass es irgendjemand merkt. Beim bloßen Gedanken an meine Schwächen bekomme ich Panik und fürchte mich davor, mich anderen überhaupt auszusetzen. Gerade deshalb erfinde ich verzweifelt Masken, hinter

denen ich mich verbergen kann: eine lässige, kluge Fassade, die mir hilft, etwas vorzutäuschen, die mich vor dem wissenden Blick sichert, der mich erkennen würde.

Dabei wäre dieser Blick gerade meine Rettung; Und ich weiß es. Wenn er verbunden wäre mit Angenommen werden, mit Liebe. Das ist das Einzige, das mir die Sicherheit geben würde, die ich mir selbst nicht geben kann, dass ich wirklich etwas wert bin.
Aber das sage ich Dir nicht. Ich wage es nicht. Ich habe Angst davor. Ich habe Angst, dass Dein Blick nicht von Annahme und Liebe begleitet wird. Ich befürchte, Du wirst gering von mir denken und über mich lachen - und Dein Lachen würde mich umbringen. Ich habe Angst, dass ich tief drinnen in mir selbst nichts bin, nichts wert, und dass Du das siehst und mich abweisen wirst.

So spiele ich mein Spiel, mein verzweifeltes Spiel: eine sichere Fassade außen und ein zitterndes Kind innen. Ich rede daher im gängigen Ton oberflächlichen Geschwätzes. Ich erzähle Dir alles, was wirklich nichts ist, und nichts von alledem, was wirklich ist, was in mir schreit; deshalb lass Dich nicht täuschen von dem, was ich aus Gewohnheit rede.

Bitte höre sorgfältig hin und versuche zu hören, was ich nicht sage, was ich gerne sagen möchte, was ich um des Überlebens willen rede und was ich nicht sagen kann. Ich verabscheue Versteckspiel. Ehrlich! Ich verabscheue dieses oberflächliche Spiel, das ich da aufführe. Es ist ein unechtes Spiel. Ich möchte. wirklich echt und spontan sein können, einfach ich selbst, aber Du musst mir helfen. Du *musst Deine Hand ausstrecken, selbst wenn es gerade das Letzte zu sein scheint, was ich mir wünsche. Nur Du kannst diesen leeren, toten Glanz von meinen Augen nehmen. Nur Du kannst mich zum Leben rufen. Jedes Mal, wenn Du freundlich und sanft bist und mir Mut machst, jedes Mal, wenn Du zu verstehen versuchst, weil Du Dich wirklich um mich sorgst, bekommt mein Herz Flügel - sehr kleine Flügel, sehr brüchige Schwingen, aber Flügel! Dein Gespür, Dein Mitgefühl und die Kraft deines Verstehens hauchen mir Leben ein. Ich möchte, dass Du das weißt. Ich möchte, dass Du weißt, wie wichtig Du für mich bist, wie sehr Du aus mir den Menschen machen kannst, der ich wirklich bin - wenn du willst. Bitte, ich wünschte, Du wolltest es. Du allein kannst die Wand niederreißen, hinter der ich zittere. Du allein kannst mir die Maske abnehmen. Du allein kannst mich aus meiner Schattenwelt, aus Angst und Unsicherheit befreien - aus meiner Einsamkeit.*

Übersieh mich nicht. Bitte - bitte, übergeh mich nicht! Es wird nicht leicht für Dich sein.

Die lang andauernde Überzeugung, wertlos zu sein, schafft dicke Mauern. Je näher Du mir kommst, desto blinder schlage ich zurück. Ich wehre mich gegen das, wonach ich schreie. Aber man hat mir gesagt, dass Liebe stärker sei als jeder Schutzwall und darin liegt meine Hoffnung. Bitte versuche diese Mauern einzureißen mit sicheren Händen aber mit zarten Händen: ein Kind ist sehr empfindsam.

Wer ich bin, magst Du fragen? Ich bin jemand, den Du sehr gut kennst. Denn ich bin jedermann, den Du triffst, jeder Mann und jede Frau, die Dir begegnen.

Das sind sehr tiefgreifende Worte, die hohe sehr wichtige Anforderungen ansprechen. Es ist aber nicht nötig, deshalb erschreckt zu sein. Der Weg zu einer guten Zuhörkompetenz ist zwar etwas länger, aber die ersten Schritte sind sehr einfach und machen glücklicherweise auch noch Spaß.

Wenn Sie die „Ausatemübung" gelesen haben, nehmen Sie sich ab jetzt vor: Besser zuhören!

Wenn Sie den ersten Satz hören, atmen Sie ab jetzt bewusst aus und überprüfen Sie sofort, ob Sie in Gedanken beim Sender oder bei sich selbst sind. Das ist eigentlich ziemlich leicht. Sie können sich das auch so vorstellen: *Bin ich auf seiner Insel oder auf meiner?* Wenn Sie *das die* ersten Male geschafft haben, beim Ausatmen festzustellen, dass Sie noch nicht beim anderen sind und das dann tatsächlich noch ändern, tritt etwas Wunderbares ein. Sie werden mit großer Zufriedenheit die eintretende Wärme spüren und diese kleine Fähigkeit immer mehr verfeinern und ausbauen. Es wird immer leichter, bei dieser neuen Qualität zu bleiben.

Machen Sie zu diesem Themenbereich trotzdem noch unbedingt die nächste Übung.
Versuchen Sie aus den nachfolgenden Antworten jeweils diejenige herauszusuchen, die Ihnen richtig erscheint, in denen richtig zugehört wird. Sie können jetzt sehr einfach feststellen, ob Sie wirklich zuhören. Was sagt der Sender

(derjenige, der spricht) über sich? Was haben Sie verstanden? Welche Gefühle hat er im Moment? Sind Sie bei ihm oder sind Sie bei <u>Ihren eigenen Gedanken</u>? Sind Sie bei sich oder auf der „Insel" des anderen?

1. Die Tochter sagt zur *Mama: Du arbeitest zu viel. Wir haben überhaupt kein Vergnügen mehr.*

Mögliche Antworten:
- Soll das heißen, dass wir kein Vergnügen haben? Wir waren gestern Abend im Kino und gehen morgen Eis laufen.
- Warum lädst Du nicht Deine Freundin zum Spielen ein? Das würde Dir bestimmt Spaß machen.
- Du bist enttäuscht über unser Leben in letzter Zeit.

2. *Herr Müller aus der Werbeabteilung ist schon wieder befördert worden. obwohl der erst ein Jahr dort gearbeitet hat.*

- Ja, ja, Beziehungen müsste man haben!
- Du bist ja nur neidisch!
- Du findest es ungerecht, dass der so schnell befördert wird.
- Reg dich nicht darüber auf!

3. *Ich habe dem Chef einige gute Ratschläge gegeben, aber er ist nicht darauf eingegangen.*

- Das scheint dich zu kränken.
- Ich weiß genau, wie Du Dich fühlst. Männer ignorieren alle Vorschläge, die von Frauen kommen.
- Warum hast Du ihm nicht gesagt, dass Du Dich darüber ärgerst?

4. *Viel mehr Leute sollten Organisationen wie Amnesty international unterstützen.*

- Was erwartest Du? Die meisten Menschen sind doch völlig unpolitisch.
- Du hältst diese Arbeit für sehr wichtig.
- Du hast sicher recht. Warum trittst du nicht selbst ein?

5. *Ich hätte nicht gedacht. dass die Prüfung so einfach sein würde.*
- Du freust dich über Deinen Erfolg.
- Sei nicht übermütig! Die nächste wird schwieriger!
- Komm, so einfach war sie nun wirklich nicht!

6. *Ich möchte heute Abend nicht mitgehen. Ich brauche Erholung und will früh ins Bett.*

- Du bist ganz schön überarbeitet in letzter Zeit.
- Sei doch ehrlich, Du hast keine Lust mit uns mitzugehen.
- Wenn Du nicht ständig in Kneipen rumhängen würdest, wärest du auch heute Abend nicht zu müde.

7. *Ich muss noch so viele Arbeiten für die Schule machen, dass ich nicht weiß, wie ich die nächste Woche überstehen soll.*
- Ich verstehe Dich. Ich habe drei Prüfungen vor mir und muss diese Woche noch 20 Stunden jobben.
- Du stehst unter Druck.
- Mach Dir nichts draus. Das schaffst Du spielend.

8. *Du hast in diesem Brief einen ganzen Absatz vergessen!*

- Rege Dich nicht auf! Das kann jedem passieren!
- Oh, das tut mir leid. Ich werde es sofort korrigieren.
- Wo, bitte?
- Dieser Fehler hat Dich geärgert. [5]

Sie sehen, so schwer ist es nicht, wenn man direkt darauf achtet. Schwieriger ist es, in der Situation daran zu denken, sich zurückzunehmen und richtig zu reagieren. Einfacher ist es erfahrungsgemäß, wenn man sich rechtzeitig vor einem Gespräch eindeutig vornimmt: Jetzt höre ich gut zu! Das wird nicht immer möglich sein, ist aber eine sehr große Hilfe. Notfalls nutzen Sie nur die nächste Besprechung oder eine festgelegte Zeit am Tag. Z.B. wenn die Kinder aus der Schule kommen oder der angestrengte Ehepartner von der Arbeit kommt. Wichtig dabei ist, Sie müssen sich vorher die kommende Situation klarmachen und als erstes vor dem ersten Antwortsatz tief ausatmen und überprüfen ob Sie bei sich oder beim anderen sind.

Die Haltung und das Motiv sind es, die den Unterschied machen. Wichtig ist es, verstehen zu wollen, nicht über sich zu sprechen und keine Vorschläge zu machen. Als Bild können Sie sich vorstellen, dass jeder Mensch auf seiner eigenen kleinen Insel lebt. Sie müssten versuchen, von Ihrer eigenen Insel auf die Insel des Problembesitzers zu gelangen. Ob Sie es richtig gemacht haben, können Sie leicht erkennen. Sind Sie bei sich selbst oder beim Problembesitzer? Wenn Ihr Gesprächspartner nach Ihrer Erstantwort sa-

---

[5] Lösung: 1=3., 2=3., 3=1., 4=2., 5=1., 6=1., 7=2., 8=4.

gen könnte: *„Ja – genau."* oder*: „So habe ich es nicht ge-meint,"* dann ist auf jeden Fall klar, dass Sie richtig zugehört und nur das gesagt haben, was Sie verstanden haben. Notfalls wird es korrigiert. Das geschieht immer in den ersten Sekunden und am leichtesten, wenn Sie sich angewöhnt haben, vor jedem Antworten erst einmal ruhig auszuatmen. Die entstehende Pausenzeit von 2-4 Sekunden reicht dann dafür vollständig aus.

Verdeutlichen Sie sich bitte zusätzlich: Wenn Sie Vorschläge machen wollen, wollen Sie nicht nur helfen. Sie wollen auch gut sein, Ihrem Selbstkonzept entsprechen, möglicherweise dafür geachtet und geliebt werden. Das ist normal, kommt häufig vor und ist in Ordnung. Der Empfänger wird sich aber nicht ernst genommen und weggestoßen fühlen. Weil mit jedem Vorschlag, ob man will oder nicht, die Botschaft verbunden ist: *Ich glaube, Du weißt es nicht oder kannst es nicht allein.*

Es ist erforderlich, eine andere Haltung einzuüben. Dazu ist es wichtig, sich immer wieder klar und präsent zu vergegenwärtigen: *„Ich will verstehen, alles andere kann warten."* Dann dauert es auch nicht mehr lange, bis eine grundsätzlich andere innere Haltung in Ihnen zu anderen Menschen einsetzt.

Zuhören bedeutet Achtung, Wertschätzung und Liebe. Zuhören hält narzisstische und egozentrische Motive in gesunden Grenzen.

Sollte der Wunsch, Vorschläge zu machen und helfen zu wollen, sehr stark sein, bearbeiten Sie dies mit der Klarheit:

Das ist jetzt mein Problem. Ich muss es auch so vortragen (siehe dazu die Ausführungen zum Senden – Fallgruppe B - bei eigenen Problemen). Sonst gilt:

Vorschläge sind Schläge!

Dieser erste Teil des Buches stellt schon viele Ansprüche an Sie. Es spricht einiges dafür, erst einmal zu üben und Erfahrungen zu sammeln, bevor die anderen Inhalte betrachtet werden. Eine Ausnahme könnte sein, die sehr kurze 6. Übung über das Ausatmen noch zu lesen (Seite 112). Die eignet sich für das Verbessern des Zuhörens ganz außerordentlich gut. Sie können danach die nächsten Schritte hier weiterlesen.

Wenn Ihnen dieses Zuhören einigermaßen geling, dann tritt eine Art Resonanz zu anderen Menschen ein. Das wird umso deutlicher sein, wie es Ihnen gelingt bedingungslos annehmend und wertschätzend zu sein. Sie werden mit dem Problembesitzer in eine gemeinsame Schwingung kommen, die natürlich bemerkt wird. Die meisten Menschen haben so etwas bis dahin noch nicht erlebt und sind irritiert und euphorisch. Das gelingt nicht immer und auch nicht bei jedem Menschen. Das ist absolut normal. Auch gibt es eine sachliche Kommunikation, meist im Beruf, in denen das nicht direkt angebracht ist. In diesen Fällen können Sie aber etwas Ähnliches anwenden. Das hat auch eine ähnlich gute Wirkung. Sie können dann an einer geeigneten Stelle des Gespräches das bisher Gehörte auch einfach zusammenfassen und sagen, was Sie bisher verstanden haben. Das fällt den meisten Übenden viel leichter.

Es erfordert aber die gleiche Grundhaltung und kommt immer sehr gut an. Wenn Ihr Gesprächspartner - in unserem Beispiel der Problembesitzer – nickt, bejaht oder zustimmend bestätigt, dann haben Sie es geschafft. Verständigung ist hergestellt, die Beziehung vertieft und gewachsen und eine Problemlösung rückt näher. Ihr Ansehen wird sich sogar verbessert haben.

Möglicherweise ist es ab dann sogar doch möglich, trotz der angeblichen Sachlichkeit in Resonanz mit dem Problembesitzer zu kommen. Auf jeden Fall ist solch eine Kommunikation erheblich menschlicher und besser und verhindert auch Missverständnisse und Streit. Jetzt erst können Sie auch überprüfen, ob der Sender auch über Lösungen sprechen will. Erfahrungsgemäß will er das nicht. Sie werden erstaunt sein, wie selten es gewünscht wird. Das Tolle ist: Das alles macht Spaß und Freude und macht alle zufriedener. Wenn Sie das Gesicht des anderen beobachten und seine Zufriedenheit und Freude sehen, wird es eine schöne Belohnung für das Weitermachen sein. Danach werden Sie sich, diesmal sehr berechtigt, gut fühlen, weil Sie in Resonanz gewesen sind oder zumindest Missverständnisse verhindert haben.

Der Besitzer des Problems wird merken, dass Sie damit beschäftigt sind, Einzelheiten zu sammeln, um wirklich ganz zu verstehen. Er wird fühlen, dass Sie sich nicht damit beschäftigen, welche Ansichten Sie zu seinem Problem haben oder welche Vorschläge Sie einbringen könnten, um sich als guter Helfer zu fühlen. Es entsteht eine neue Beziehungsqualität, eine Verbesserung der Interaktion und ein fehlerloser Datenaustausch. Darüber hinaus tritt eine Wirkung von Wachstum, Entwicklung und echter Nähe ein.

Sollten Sie dennoch ein sehr starkes Bedürfnis haben, Vorschläge und Hilfe anbieten zu müssen, dann ist das wie schon gesagt, auch in Ordnung. Es muss nur unbedingt getrennt und hintereinander besprochen werden. Es ist jetzt in diesem Fall Ihr Problem, und so sollten Sie es auch als Ihr eigenes behandeln (siehe die folgende Fallgruppe). Wichtig ist es, erst warten und zuhören und dann Klartext senden.

Fallgruppe B
Ich selbst habe ein Problem.
Was ist zu tun?
Natürlich muss ich etwas über mich und mein Problem etwas senden!
Senden Sie Klartext!
Psychologen würden auch hier ergänzen und sagen: Rede ausschließlich über dich, über deine Gefühle und Gedanken. Was tun wir Menschen tatsächlich? Wir reden über andere und über Sachverhalte und erzählen Geschichten. Das tun wir zu mehr als 90 Prozent. Es sagt jemand z.B.:

»Stell dir vor, was Peter gestern gemacht hat. Der spinnt doch wohl!«

Wenn der Leser ernsthaft bemüht ist, seine Kompetenz beim Zuhören zu verbessern und sich mit dem Problem auseinandergesetzt hat, sagt er dann normalerweise schnell: *„Warum um alles in der Welt senden die Menschen nicht Klartext? Warum muss alles so verdeckt und kompliziert sein? Das ist doch völlig unnötig".*

Das stimmt, aber warum ist das so? Genau weiß man es nicht. Weil es die allermeisten Menschen so machen, muss es Gründe dafür geben. Diesmal liegt es vermutlich nicht an unserem Sprachgehirn. Schaut man genauer hin, so fallen sofort mehrere Gründe auf.

Der vermutlich schwerwiegendste Grund besteht darin, dass wir es nicht gelernt haben, Klartext zu senden. Schon von klein an haben nahezu alle unsere Kontaktpersonen uns das so anders vorgemacht. Es gab gar keine Alternativen, die eine andere Entscheidung nahegelegt hätten. Das Schlimmste ist, wenn wir nicht individuell anfangen, etwas zu verbessern, wird sich das auch in der Zukunft absolut nicht ändern. Auch unsere Kinder werden es dann nicht lernen. Für sie und die Zukunft müssen wir anfangen und selbst etwas ändern.

Hinzu kommen die bisher gemachten Erfahrungen mit inkompetenten Zuhörern. Wir müssen erstmal eine interessante Geschichte anbieten, sonst hört sowieso keiner zu. Vermutlich haben wir in unserer Entwicklungsgeschichte immer wieder mitbekommen, dass es sich nicht lohnt, Gefühle zu nennen. So sagt z.B. ein Kind abends beim Zubettgehen zur Mutter: *„Ich habe Angst".* Dann kommt nahezu sofort der Ratschlag: *„Du brauchst keine Angst haben, wegen .. weil..."* Psychologen erklären das damit, dass liebende Eltern es nicht gut aushalten können, wenn ihre Kinder leiden. Wenn Kinder im Laden etwas Süßes möchten und das sagen, dann passt das sehr häufig nicht, weil es Zeit und Geld kostet. Eltern sagen dann z.B.: *„Wir essen gleich"* oder *„Süßes ist ungesund."*

Was lernen aber unsere Kinder, die das immer wieder erleben? Sie lernen, dass es sich nicht lohnt, eigene Gefühle anzusprechen, weil die ihnen sofort ausgeredet werden. Da auch unsere Kinder nicht dumm sind, dauert es nicht lange, dann versuchen sie es indirekt. Sie sagen z.B.: *„Mutti, hier ist es aber total dunkel!"* Ist das die richtige Kommunikation? Natürlich nicht. *„Das Licht bleibt nicht an!"* kommt dann häufig. Oder sie zeigen auf Süßes und fragen: *„Mutti, wie schmeckt das?"* Sie sprechen etwas indirekt an, aber das funktioniert auch nicht gut.

Ein weiteres Beispiel soll die nachhaltigen ernsten Folgen noch einmal verdeutlichen:

Ein Vater sitzt nach getaner Arbeit im Sessel und möchte sich entspannen. Der kleine Sohn kommt und klettert auf ihm herum. Die Zeitung zerknittert. Nach einigen vergeblichen Abwehrversuchen sagt der Vater: *„Du bist wie eine Klette!"* Gemeint hat er: *„Ich bin im Moment müde und muss mich einige Minuten ausruhen. In zehn Minuten können wir spielen."* Im ersten Fall fühlt sich der Sohn weggestoßen, wertlos und beschuldigt, im zweiten hat er eine Chance zu verstehen.

Eine weitere Erklärung für das Verhalten ist, dass wir in unserer Gesellschaft nicht „schwach" sein dürfen oder an dem Erleben keine Schuld haben wollen. Deshalb erzählen wir lieber Geschichten, aus denen der Zuhörer klar erkennt, das andere schuld sind. Damit schützen wir unter anderem auch unser ständig gefährdetes Selbstwertsystem.

Wir bekräftigen auch immer wieder, dass wir persönlich nichts damit zu tun haben, also auch nichts machen können. Die Gründe liegen außerhalb, beim anderen oder an den Umständen. Das wurde weiter vorn schon als *„Egozentrische Verzerrung"* angesprochen.

Es gibt vermutlich noch einige weitere individuelle Gründe dafür, dass wir lieber über andere reden als über unsere eigenen Gefühle. Das tut uns und unseren Beziehungen absolut nicht gut. Also senden Sie selbst besser und unmissverständlicher, was in Ihnen vorgeht und was Sie wollen!

Ihr Ausgangspunkt ist jetzt: **Ich** habe ein Problem.

Was ist jetzt genau zu tun? Ausatmen und überprüfen, ob Sie etwas über sich sagen möchten oder über andere reden wollen.

Sie könnten nach dem Zuhören jetzt im Bewusstsein des eigenen Problembesitzes sagen: *„Ich habe jetzt den Wunsch dir zu helfen und dazu einige Vorschläge zu machen. Was hältst du davon?"* Seien Sie nicht enttäuscht. Meist wird der Problembesitzer das nicht wollen. Er lässt Sie dann mit Ihrem Wunsch allein und Sie wollten doch nur helfen. Mit einigen Schmerzen können Sie daran lernen, dass zur Achtung der Integrität anderer auch gehört, sie

38

selbst häufiger machen zu lassen und nicht durch Vorschläge eine Art Entmündigung einzuleiten.

 Vorschläge sind nämlich auch nur Schläge!

Noch schlimmer ist es, wenn wir den Zuhörer beschuldigen und ihm Vorwürfe machen für jene Gefühle, die wir haben, aber nicht benennen. Richtig wäre, Sie sagen ausschließlich, wie Sie sich fühlen, was in Ihnen vorgeht und welche Gedanken Sie haben. Nur das wollen Sie und sagen auch nichts Anderes.

In diesen Fällen ist es angeraten, zunächst den Satz mit „Ich" zu beginnen, auf keinen Fall mit „Du." Mit den sogenannten „Ich-Botschaften" schildert man zunächst nur die eigenen aktuellen Gefühle und liefert <u>einen kleinen</u> Hinweis, was das Gefühl ausgelöst haben könnte. Das geschieht ohne jeden Vorwurf. Blättern Sie noch einmal zurück zu unserer kleinen Zuhörerübung und formulieren Sie dort die Anliegen aus der Sicht des Problembesitzers in der Übung zu Fallgruppe A neu. Welche Gefühle und Bedürfnisse hatte der Sohn, der zu seiner Mutter sagte: *„Mama, Du arbeitest zu viel. Wir haben überhaupt kein Vergnügen mehr."* War es Einsamkeit, Langeweile, zu wenig Nähe oder Kontakt, fehlende Liebe und Aufmerksamkeit? Was es auch sein mag – genau das muss gesagt werden: *„Ich fühle mich häufig so allein. Mir fehlt Nähe zu dir. Können wir nicht mehr zusammen machen?"*

Machen Sie dazu eine Übung:
Wenn Sie mögen, nehmen Sie auch die anderen Beispiele aus der Zuhörübung zur Hand und formulieren Sie Ich-Botschaften anstelle der ungeschickten Gesprächseinstiege. Sie werden merken, danach kann kein Streit entstehen, weil in der Ich-Botschaft keine Vorwürfe enthalten sind. Das Gegenteil ist der Fall: Beziehungen werden tiefer und intensiver.

Wenn Sie ein Problem haben und Ihnen das auch völlig klar ist, hat das auch noch den großen Vorteil, alles in Ruhe vorher planen, überlegen und ausarbeiten zu können. Sie haben im Alltag alle Zeit der Welt, solche Gespräche vernünftig vorzubereiten. Setzen Sie sich hin und nehmen Sie ein Problem, das bearbeitet werden müsste. Suchen Sie alle Gefühle, die Sie haben, und schreiben Sie sie auf. Es sollten möglichst mehrere sein. Wenn Sie alles gut durchdacht haben, sagen Sie es dem Betroffenen direkt mit nur einem neutralen Hinweis aus dem Sachverhalt. Sie können beispielsweise sagen: „Ich fühle mich klein und unbedeutend und weiß nicht mehr, was ich machen soll, wenn du meine Ansichten nicht aufnimmst und sofort von dir erzählst." Oder: „Ich hatte bis eben Angst, dass was passiert war und freue mich sehr, dass du jetzt hier bist."

Versuchen Sie, folgende Beispiele schriftlich zu bearbeiten. Nehmen Sie dazu ein Blatt Papier:

1. Sie hatten Ihr Auto verliehen und es mit halb leerem Tank und schmutzig zurückbekommen. Sie sagen ohne Bewertung was sich ereignet hat (wie eine Zeugenaussage):

Gefühl1:
Gefühl2:
Gefühl3:
Warum ist eine Veränderung für Sie und für Ihre Lebenspläne wichtig?

2. Ihr Partner, Ihre Partnerin hat, ohne etwas zu sagen, Ihr Handy mitgenommen. Sie hatten deswegen sehr große Probleme. Sie sagen:
Kurzer sachlicher Hinweis auf das Geschehene:
Gefühl1:
Gefühl2:
Gefühl3:
Warum ist das für Sie wichtig?

3. Ihre Partnerin hat versprochen, einen wichtigen Brief in den Kasten zu werfen. Nach einigen Tagen finden Sie ihn im Auto. Offensichtlich hatte sie ihn vergessen. Sie sagen:
Kurzer sachlicher Hinweis auf das Geschehene:
Gefühl1:
Gefühl2:
Gefühl3:
Warum ist das für Sie wichtig?

4. Ihre Tochter hatte versprochen, ihr Zimmer aufzuräumen. Sie sehen, dass nichts gemacht wurde. Alles ist noch schlimmer als sonst. Sie sagen:
Kurzer sachlicher Hinweis auf das Geschehene:
Gefühl1:
Gefühl2:
Gefühl3:
Warum ist das für Sie wichtig?

Gewaltfreie Kommunikation erlernen

Ähnlich ist auch der Ansatz von M. Rosenberg, der „Gewaltfreie Kommunikation" (GFK) vorschlägt. Weitgehende Gewaltfreiheit ist für die Idee einer besseren Gesellschaft unverzichtbar und sehr wichtig. Dieses Modell ist erfahrungsgemäß etwas einfacher zu erlernen, ohne weniger anspruchsvoll zu sein. Es hat, neben einer leicht nachvollziehbaren Begrifflichkeit, auch den Vorteil, dass man relativ einfach und schnell anfangen kann, die ersten Schritte »gewaltfreier Kommunikation«[6] auszuprobieren. Mit solidem Selbstverständnis tragen Sie Ihr Problem vor und sorgen für eine streitarme Konfliktbearbeitung. Die Qualität stellt sich im Laufe der praktischen Übungszeit auch bei Ihnen von allein ein. Zunächst sollten Sie jedoch typische Fehlerquellen - die „sogenannten apokalyptischen Reiter" - vermeiden, die einen Streit beginnen wollen[7] und sich stattdessen bewusst-machen und einhalten:

Keine **Kritik** üben, sondern nur Beobachtung und aufgetretene Gefühle schildern.
Nicht **ver-** oder **beurteilen,** sondern erklären, welche Hoffnungen enttäuscht worden sind.
Keine **Eigenschaften** zuschreiben, auch kein Verhalten interpretieren.
Keinen **Gegenangriff** starten oder mit totalem Rückzug reagieren, nur Empfindungen einbringen.

---

[6]Marshall B. Rosenberg: *Gewaltfreie Kommunikation*: aufrichtig und einfühlsam miteinander sprechen. Neue Wege in der Mediation und im Umgang mit Konflikten, Paderborn 2001
[7]David Servan-Schreiber: Die Neue Medizin der Emotion, München 2006, S. 222

Wie muss gewaltfreie Kommunikation dann aussehen? Entscheidend ist dabei die <u>genaue</u> Einhaltung folgender Reihenfolge:

1. Was habe ich beobachtet und wahrgenommen? Was könnte ein neutraler Außenstehender beobachten?
2. Welche Gefühle stellen sich bei mir bei dieser Wahrnehmung ein?
3. Was und warum ist das wichtig für mich und mein Leben?
4. Welche Hoffnungen und Bedürfnisse sind damit verbunden?

Es sind *vier* Schritte, die geübt werden müssen, um gewaltfrei und einfühlsam kommunizieren zu können und die dafür erforderliche innere Haltung zu erlangen.[8] Also nehmen wir beispielsweise den ersten Fall aus der letzten Übung:

1. *Ich hatte dir gestern mein Auto geliehen. Eben sehe ich, dass der Tank halb leer ist.*
2. *Ich fühle mich dabei ausgenutzt und unwohl, habe Angst um unsere harmonische Beziehung.*
3. *Gern würde ich in der Zukunft wieder helfen, ohne Angst haben zu müssen, wieder unangenehme Gefühle haben zu müssen.*
4. *Ich möchte, dass wir uns weiterhin gut verstehen und auch gegenseitig helfen.*

---

[8]Auszug aus: Wenn die Giraffe mit dem Wolf tanzt von Serena Rust, S.18f

Das ist eine persönliche Wortwahl. Sie können andere Wörter wählen. Sie müssen echt und ehrlich sein und Ihrem üblichen Wortschatz entsprechen. Sie können alle kleinen Sachverhalte aus der letzten Übung so bearbeiten. Schriftlichkeit verdoppelt in diesem Fall den Lernfortschritt.

Blicken wir dazu noch einmal auf ein Beispiel.
Ihre Tochter hatte versprochen, ihr Zimmer aufzuräumen. Sie sehen, es wurde nichts gemacht. Im Gegenteil: alles ist noch schlimmer als sonst. Sie sagen beispielsweise zu Ihrer Tochter:

1. *„Ich bin eben von der Arbeit gekommen und habe dein Zimmer unaufgeräumt vorgefunden (Beobachtung ohne Bewertung).*
2. *„Ich bin sehr enttäuscht und traurig, weil wir eine andere Vereinbarung hatten."*
   „Das macht mich hilflos, weil ich nicht weiß, was ich noch machen soll."
   „So fühle ich mich in meiner eigenen Wohnung unwohl und kann meinen Feierabend nicht genießen. Meine Lebensfreude ist getrübt."

3. *„Das lässt mich verzweifeln, so möchte ich nicht leben. Es ist für mich und meine Gesundheit sehr wichtig, dass ich mich auf unser Zuhause freuen und es genießen kann. Sonst halte ich den Alltagsstress nicht aus."*

4. *„Ich habe immer noch die Hoffnung, dass du verstehst, wie wichtig das für mich ist."*

Als Zuhörer stehen Sie in Gesprächen vor der Herausforderung, zeitnah richtig reagieren zu müssen. Deshalb ist es hilfreich, viele der vorgestellten Übungen schriftlich zu machen. Das trainiert und das Günstige daran ist, dass Sie sich in aller Ruhe vorbereiten, überlegen und sich Notizen machen können. Das wird später dazu führen, dass sich Ihre allgemeine Haltung ändert und Sie auch leichter und schneller reagieren können. Alles wird viel automatischer, gewaltfreier und friedfertiger. Das Streitpotential wird merklich abnehmen.

Konkret heißt das: Wenn Sie etwas sagen wollen, haben Sie den Satz schon im Gehirn aktuell formuliert, atmen Sie vor dem Sprechen sofort bewusst aus und überprüfen Sie, ob sie wirklich die neuen Regeln einhalten werden und sprechen erst dann. Das verzögert nur einige Sekunden, die keiner bemerken kann. Wie sollten sie das auch können?

Zusätzliche Hilfe nutzen

Das ist alles allerdings nicht so einfach. Zweifelsohne bringt die Anwendung zum Teil erhebliche Mühe mit sich[9]. Am besten ist es, wenn Sie sich einen Lernpartner suchen, der motiviert ist, ein verändertes Kommunikationsverhalten gemeinsam mit Ihnen einzuüben und häufigen Kontakt mit Ihnen hat. Sie können sich dann gegenseitig Rückmeldungen geben und »heimliche« Zeichen vereinbaren, um in einer Situation dem anderen den falschen oder richtigen Weg zu signalisieren.

---

[9] Aus jahrzehntelanger Erfahrung mit solchen »Vorhaben« rate ich Ihnen dringend, sich einen Lernpartner oder einen Coach zu suchen.

Das kann zum Beispiel bei einer gemeinsamen Besprechung ein Kollege sein, der mit einem abgesprochenen Fingerzeichen seinem Lernpartner signalisiert: *»Du bist auf dem richtigen Weg."* Oder er signalisiert: *»Du bewertest«!* Außenstehende können diese Zeichen nicht deuten. Diese Vorgehensweise macht sogar Spaß, vor allem, wenn es auch noch gegenseitig geübt wird. Die Situation ist dann nicht so anstrengend. Nichts ist peinlich. Bei einer konkurrenzfreien Beziehung ist natürlich auch Ihr Ehepartner dafür gut geeignet. Nach den ersten Erfolgen können Einhalteverträge mit kleinen »Strafen« oder viel besser noch »Belohnungen« mit dem Lernpartner ergänzend abgeschlossen werden. Es soll ja auch Spaß machen. Die nächsten Schritte könnten darin bestehen, folgende Dinge zusätzlich und/oder noch sorgfältiger einzuhalten:

Quelle beachten
Es muss sichergestellt sein, dass wirklich die Person der Auslöser ist und nicht die Situation alles verursacht.

Geeigneten Ort und günstige Gelegenheit aussuchen
Nicht jede Situation ist für eine sofortige Reaktion geeignet. Häufig ist es günstiger, den aktuell brennenden Vorfall einfach laufen zu lassen, um nach einer Zeit erneut darüber zu sprechen. Beide Parteien sind dann unaufgeregter und schneller bereit, sachlicher miteinander zu sprechen. Hinzu kommt die Möglichkeit, alles zu überdenken und vorzubereiten. Eventuell können Sie vorher mit dem Lernpartner üben.

Begegnung freundlich gestalten

Es ist wichtig, so zu interagieren, wie man sich fühlt. Nichts sollte unecht und künstlich sein. Der Gesprächseinstieg sollte unbedingt freundlich, aufmerksam und frei von Angriffen und Vorwürfen sein.

Objektivität einhalten

Wenn man aber genauer betrachtet, dann ist Objektivität sehr schwer einhaltbar. Was ist schon in einer diskutierten Situation wirklich objektiv? Deshalb sollten Sie versuchen, die sehr viel einfachere Lösung zu nehmen und nur Beobachtungen und Wahrnehmungen ohne jede Bewertung mitzuteilen. Sagen Sie z.B. nicht: *»Da warst du aggressiv!«*, sondern sagen Sie: *»Da hast du mit sehr lauter Stimme zu mir geredet«.*

Gefühle schildern

An dieser Stelle sollten Sie alle Energie und Intensität nutzen, ohne zu übertreiben. Solange Sie bei sich bleiben und Dinge sagen, die nur mit Ihnen zu tun haben, bleibt alles wirksam und ungefährlich. Wenn Sie über den „Verursacher" sprechen, wird es sofort schiefgehen.

Enttäuschung skizzieren

Die bisher aufgeführten Punkte reichen erfahrungsgemäß aus, um ein gewaltfreies Gespräch zu führen. Viele Lehrbücher schlagen zusätzlich vor, Bitten, Vorschläge und/oder Forderungen anzuhängen. Davor möchte ich ausdrücklich warnen. Ich weiß sehr wohl, dass es in einigen Therapien erforderlich ist, so etwas mit den Klienten, weil diese Fähigkeit bei ihnen verkümmert ist, zu üben. In unserem Diskussionszusammenhang sollten Sie es nicht nur deshalb lassen, weil Sie es sowieso gut können und nicht mehr üben brauchen, sondern auch deshalb, weil alle uneingestandenen Reste, alte Wunden, vergangene Schmerzen, schlafende Rachegedanken und so weiter sich da hineinschleichen werden, ohne dass Sie es verhindern können. Diese Sätze kennt der andere. Das ist nämlich genau die Gesprächsstelle, an der das Kampfverhalten auf beiden Seiten wieder durchschimmert und in der Regel schnell die Oberhand gewinnt. Dann war alles Bemühen vergebens. Das alte Streitverhalten taucht wieder auf und wird nur verstärkt.

Lassen Sie dem anderen seine Freiheit.
Es gibt noch einen weiteren Punkt, der mir sehr am Herzen liegt und mit dem ich die allerbesten Erfahrungen gemacht habe. Lassen Sie dem anderen die Freiheit, über alles in der erforderlichen Zeit nachzudenken, selber Lösungsvorschläge zu finden, abzuwägen und sie bei weiteren Gesprächen selbst einzubringen. Sie werden dann um ein Vielfaches genauer eingehalten. Die damit verbundenen Gefühle sind erheblich positiver und langfristig tragfähiger, als wenn Sie alles selbst mit eigenen Vorschlägen verkleben. Also: Senden und dann warten oder gegebenenfalls bei Rechtfertigung erneut nur zuhören. Das funktioniert auch bei vermuteter »Unmündigkeit«, wie zum Beispiel bei kleinen Kindern. Sie werden überrascht sein, wie kompetent Sie sein können. So fördern Sie das Wachstum und das Selbstwertgefühl. Denken Sie daran: Vorschläge sind Schläge! Lassen Sie dem Anderen Zeit, schweigen Sie oder hören nur zu.

Einen Aggressionsstaubsauger nutzen

Was brauchen wir eigentlich? Um Antworten auf diese wichtige Frage zu finden, lade ich Sie ein, ein weiteres, sehr wirksames Tool kennenzulernen, das außergewöhnliche Auswirkungen auf Sie und Ihren Gesprächspartner und auf das Selbstwertgefühl (Ich-Stärke) aller Beteiligten haben kann. Es ist der „Aggressionsstaubsauger".

Letztlich ist es egal, mit welchem der vorgestellten Modelle Sie beginnen. Alle hier vorgestellten Strategien sind Einladungen, mit deren Hilfe Sie sich mögliche Quellen für eigene Motive und Veränderungswünsche erschließen können. Nehmen Sie sich bitte auf keinen Fall alles gleichzeitig vor. Vertrauen Sie auf Ihr Gespür und wählen Sie das, was Ihnen gerade am angenehmsten und überzeugendsten erscheint.

Was braucht mein Gesprächspartner im Moment?

Das ist die erste Frage, die Sie sich möglichst oft stellen sollten. Am besten fragen Sie sich das direkt während des Ausatmens. Das können Sie in jeder Alltagssituation, in jedem emotionalen Gespräch. Es ist egal, wer das Gespräch beginnt oder an welcher Stelle es sich befindet. Sobald Ihr Gesprächspartner etwas sagt, fragen Sie sich selbst bitte zunächst einmal:

Was braucht er/sie?
Was fehlt ihm/ ihr?
Was habe ich bis jetzt verstanden?

Teilen Sie Ihrem Gesprächspartner Ihr Ergebnis mit und warten Sie auf seine Einlassung und Erwiderung. Sie werden überrascht sein, wie gut das funktioniert. Je häufiger es Ihnen gelingt, desto mehr spüren Ihre Gesprächspartner, dass sie gesehen und ernst genommen werden. Beispielsweise können Sie sagen:

„Du benötigst mehr Sicherheit.
Du möchtest, dass ich dich unterstütze.
Du ärgerst dich und suchst einen Ausweg.
Du weißt nicht, wie es weitergehen soll".

Wahrscheinlich werden Sie bei sich selbst mit der Zeit feststellen, dass Sie andere Menschen wirklich viel genauer sehen und ernster nehmen können. Dieser Effekt tritt langfristig gesehen meist von allein ein – gewissermaßen als angenehme Nebenwirkung Ihrer veränderten Haltung. Ziemlich sicher wird es Ihnen selbst eine tiefe Befriedigung geben, weil Sie es schaffen, jemandem nahe zu sein, in eine Resonanz zu kommen, ohne dabei unechte Tricks anzuwenden. Haben Sie damit ausreichende Erfahrungen gemacht und eine gewisse Routine entwickelt, so können Sie den nächsten Schritt ausprobieren.

Was fehlt mir selbst?
Mit der zuvor eingeübten Fähigkeit, die Bedürfnisse des anderen im Gespräch zu erkennen, ist die Fähigkeit verwandt, auch die eigenen Bedürfnisse besser wahrzunehmen. Ihr Unbewusstes wird sich immer schneller und deutlicher melden. An geeigneter Stelle

sollten Sie das dann dem anderen im Gespräch mitteilen. Aber wie können Sie Ihre Bedürfnisse angemessen äußern?

Tipp

Beispielsweise könnten Sie sagen:
»Ich fühle mich nicht richtig verstanden und spüre, wie ich anfange, mich zu ärgern.«
»Im Moment spüre ich das Bedürfnis, irgendetwas zu tun, was alles wieder einrenkt.«
»Ich merke, dass ich immer trauriger und hilfloser werde.«

Vorsicht! Wenn Sie in Ihrem Leben bislang eher zu kurz gekommen sind, besteht die sehr große Gefahr, dass Sie über das Ziel hinausschießen werden, ohne es zu merken[10]. Deshalb sollten Sie einen Ihnen nahestehenden und eingeweihten Lernpartner regelmäßig interviewen, ob Sie nicht zu egozentrisch reagieren. Das passiert leider sehr häufig und unbemerkt. Es scheint manchmal so, als gäbe es da Unendliches nachzuholen. Unsere Mitmenschen können mit dem durchaus verständlichen Vorgang des Nachholens nicht umgehen, weil es ihnen erhebliche Angst macht. Sie werden sich deshalb womöglich abwenden. Deshalb sollten Sie diszipliniert an sich selbst arbeiten und das Feedback Ihres Lernpartners als wichtigen Zwischenschritt begreifen und nicht als unnötige und ärgerliche Zusatzarbeit.

---

[10] Genauer nachlesen Röhrig 2016, *Anna dreht sich nicht um,* BoD

Fragen nach den dahinterliegenden Bedürfnissen

Die dritte Stufe, die allerdings erst nach Einübung der ersten beiden Schritte einbezogen werden sollte, besteht darin, auch danach zu fragen, was der andere möchte, welche aktuellen Bedürfnisse er hat und/oder was für ihn notwendig ist, um die Situation besser zu bewältigen. Dieser Schritt steht deshalb am Schluss, weil er bedingungslos echt und ehrlich sein muss. Er muss getragen sein von dem reinen Wunsch, den anderen wirklich zu verstehen und nicht davon, Munition für einen Streit sammeln zu wollen.

TIPP

Dieser Schritt löst dann fruchtbringende Reaktionen aus, wenn er vorbehaltlos und ohne jede Veränderungsabsicht und/oder missionarischen Eifer geschieht. Wenn dies gelingt, ist eine solche Haltung herzerwärmend und erfolgreich für alle Beteiligten. Resonanzen und Veränderungen sind dann möglich. Zusätzlich ist das eine absolute Voraussetzung, um Konflikte zu vermeiden oder sie partnerschaftlich zu lösen.

Um das zu erreichen, ist es sehr förderlich, wenn Sie sich selbst gut kennen. Beginnen Sie also noch damit, sich selbst genauer zu erkennen. Von dieser abgesicherten Basis aus können Sie weitere wirksame Schritte unternehmen. Eine oft vorgeschlagene Methode besteht darin, über das eigene Leben nachzudenken, zu analysieren, zurückzublicken, um dann festzustellen, wie Sie sind und warum Sie so sind. Diese Methode kann durchaus gute Früchte tragen, wenn sie von einem Therapeuten begleitet wird. Als

Selbstkonzept ist sie viel weniger geeignet, weil unser Gedächtnis nicht objektiv funktioniert, unsere Psyche nicht jeden Weg gehen und nicht jede Erkenntnis zulassen wird. Das Ergebnis wird nicht stimmen und wird deshalb auch keine fehlerlose Ausgangsbasis für Veränderungen ergeben. Trotzdem ist es möglich, selbst daran zu arbeiten. Es müssen nur die vielen Fehlerquellen weitgehend ausgeblendet werden. Dazu eignet sich die schon mehrfach angesprochene Selbstreflektion, die sich nur auf das momentane Erleben konzentriert.

Sich selbst erkennen!

„Wenn wir unsere Emotionen bemerken, sobald sie entstehen, sind sie durch Vergleiche, Gedanken und Gedächtnis noch nicht (wesentlich) verzerrt. In diesem Moment können Gefühle als Signale für Vorlieben und Abneigungen dienen, so, wie die Natur sie eingerichtet hat."[11] Oder sie können Ihnen sehr gute Hinweise geben, wie Sie Ihr individuelles EGO konfiguriert haben. Ein kurzer Augenblick genügt, um sich die eigene Emotion bewusst zu machen. Dazu eignet sich die Ausatemzeit von 2-4 Sekunden hervorragend.

Wenn das häufig passiert und Sie gute Kenntnis über Ihre Reaktionsweisen erworben haben, ist es für Sie sehr viel leichter zu sagen: *„So reagiere ich, das tut mir gut und das nicht. So bin ich anscheinend."* Wer das fehlerloser und genauer machen möchte, muss Tagebuch führen oder ähnliche Aufzeichnungen machen. Auch das funktioniert nur mit

---

[11] S. Klein, Die Glücksformel, 2002, S. 236,

einiger Disziplin. Man muss es machen und nicht nur dar-über nachdenken. Das normale Nachdenkergebnis wird schon nach kurzer Zeit verfälscht durch die Besonderheiten unseres Egos, durch unsere inneren Glaubenssätze und unsere erlernten Traditionen.

Mit solchen gesammelten Daten können Sie jetzt recht ver-lässlich feststellen, auf welche Dinge und Verhaltenswei-sen Sie in welcher Art und Stärke reagieren, was Sie brau-chen und auf was Sie gerne verzichten können. Obwohl es sehr persönlich ist, sollten Sie schriftlich arbeiten und eine Art Tabelle anlegen und viele Daten über die Zeit sammeln.

Gefühl	Situation	Gedanken	Wann	Wo

Erst wenn der zu Grunde liegende Datensatz relativ groß ist, kann es sinnvoll sein, nach dem Warum zu fragen. *„Wa-rum kann ich das nicht gut haben? Warum tut mir das an-dere gut? Was kann ich unternehmen, damit es mir besser-geht, mehr gute Situationen entstehen? Was kann ich ma-chen, um mit negativen Situationen umzugehen?"* Die Frage nach dem Sinn des Lebens stellt sich neu und Sie können sie durch die hier vorgestellten Dinge selbst bear-beiten.

Das deckt sich auch mit den häufigen Vorschlägen, doch achtsamer zu sein. Allgemeine Achtsamkeitsübungen sind vermutlich förderlich sind, aber ein Breitbandprogramm. Mit der vorgeschlagenen Analyse beschreiten Sie den gleichen Weg, allerdings in reduzierter Form. Das macht alles sehr viel einfacher, etwas praktisch Bemerkbares zu erreichen. Wenn Sie das noch mit dem „Ausatmen" verbinden können, ist der Weg viel einfacher zu gehen.

Nebenbei reduziert das Stress in unglaublichem Maße und ermöglicht wohl abgestimmte Reaktionen, die zuvor so nicht möglich gewesen sind. Die Mitmenschen werden staunen, wie verträglich und gelassen man mit ihnen umgehen kann. Wenn Sie z.B. bemerken, dass Sie wütend werden und bewusst ausatmen, wird der tatsächliche Anstieg der Wut viel schwächer ausfallen. Es wird leichter, einen „kühlen" Kopf zu bewahren. Aggressionen werden ebenfalls in großem Maße nachlassen oder sogar ganz verschwinden.

Fallgruppe C
Parteien haben ein Problem. Was ist zu tun?
Jeder sagt: Natürlich muss man darüber reden und das Problem lösen. Wie sieht der normale Alltag in unserer Gesellschaft tatsächlich aus? Wir verharren wechselseitig bei den Fehlern der Fallgruppen 1 und 2, verstehen uns natürlich falsch, weil das so gar nicht gehen kann, verletzen und kränken uns gegenseitig. Wir fordern, schimpfen und befehlen. Wirklich gemeinsame Problemlösung kommt nur selten zur Anwendung. In der Regel passiert das dann, wenn ausreichend Macht oder besondere Zuneigung zusätzlich im Spiel sind. Über längere Zeit tragfähig sind solche Lösungen naturgemäß nicht. Bald wird das Vereinbarte mal vergessen oder es konnte aus bestimmten Gründen nicht eingehalten werden. Alte Verletzungen aus Vorwürfen und ungerechter

Schuldzuweisung sind noch nicht verheilt und erschweren alles, weil sie immer noch wirken.

Es gibt eine gute Nachricht. Wenn Sie die Kompetenzen zur Fallgruppe 1 und 2 erlernt haben, wird die Zahl der Konflikte und Probleme extrem stark abnehmen oder ganz versiegen. Das ist leicht nachzuvollziehen, weil die tatsächlichen Bedürfnisse gesendet und auch kompetent entschlüsselt und verstanden werden. Missverständnisse werden nahezu vollständig verhindert.

Problemlösung funktioniert nur dann, wenn beiden klar ist, dass sie gemeinsam ein Problem haben. Ebenso muss klar sein, welche Bedürfnisse auf beiden Seiten tatsächlich vorliegen. Solange nur einer das Problem empfindet und seine Bedürfnisse klar hat, kann er nur annehmend zuhören, klar senden, hoffen, mahnen, verzweifeln, schimpfen oder aggressiv werden. Erst wenn beide Seiten Klarheit haben, kann eine langfristig wirksame Lösung angegangen werden. Dazu ist es unabdingbar erforderlich, die beiden schon angesprochenen Kompetenzen einigermaßen zu beherrschen und bei Konflikten sich auf die Bedürfnisse der Beteiligten zu konzentrieren. Also Gesprächsziel nach dem Ausatmen kann sein, Klarheit zu schaffen durch Wahrheit.

Damit sind alle persönlichen Interventionsmöglichkeiten bei Konflikten angesprochen und können in dem vorgeschlagenen Gesamtmodell in persönlicher Ausprägung eingebaut werden. Weil aber Probleme und Konflikte eine eigene Dynamik haben und von relativ großer Bedeutung sind, soll auf den nächsten fünf Seiten etwas zusätzlich beschrieben werden, damit Sie einen Eindruck von einer weiteren Problemlösekompetenz erhalten. Sonst lesen Sie einfach auf Seite 57 weiter. Jedem muss in diesem Zusammenhang klar sein, dass die alltägliche Streitkultur für eine tragfähige Zukunft und eine fruchtbringende soziale Umgangsform nicht ausreicht. Für Verbesserung oder eine systematische Problem- und Konfliktbearbeitung ist eine angepasste, symmetrische und menschengerechte Kommunikation erforderlich. Das ist aber kein leichtes Unterfangen.[12]

Es erfordert neben dem notwendigen Wissen über Problemmanagementmethoden auch einige Übung. Es ist nämlich erforderlich, anfänglich zwischen Konflikten und Problemen unterscheiden zu können. Probleme zeichnen sich dadurch aus, dass sie mehr oder weniger vollständig auflösbar sind, wenn genug Methodenwissen, alle Informationen und genügend Motivation vorhanden sind. Fehlt davon etwas, muss nur das nachgeholt werden. Bei Konflikten ist das anders. Hier konkurrieren mehrere Parteien um eine einzige Sache und verursachen letztendlich häufig nur einen Kompromiss oder trennen sich endgültig. Eine Zufriedenheit oder Wachstum ist damit allerdings nicht zu erzielen. Nur bei der Berücksichtigung der tatsächlich dahinterliegenden Bedürfnisse ist eine erheblich höhere Zufriedenheit möglich. Konflikte bestehen häufig aus vielen angesammelten

---

[12] Gut lesbare Bücher dazu: Thomas Gordon: Familienkonferenz oder Managerkonferenz; F. Schulz von Thun: Miteinander reden; Bambeck/Wolters: Jeder kann gewinnen; Rhode / Meis / Bongartz: Angriff ist die schlechteste Verteidigung und Marshall B. Rosenberg: Gewaltfreie Kommunikation. „Eine Sprache des Lebens" und viele andere.

Problemen und einem Hauptkonflikt. Wenn es um viel Geld oder um wichtige Beziehungen geht, sollten Sie einen kostengünstigen Mediator oder Therapeuten beschäftigen. Damit Sie aber Ihre eigenen Möglichkeiten einschätzen können, gebe ich hier zwei Beispiele von systematischer Problembearbeitung.

Bedürfnisanalyse

Sie haben schon mit verbessertem Zuhören gute Informationen über die Bedürfnisse des Partners und dieser hat ebenfalls schon genaueres Tiefenwissen über Ihre Bedürfnisse erlangt. Bei der jetzt möglichen Sammlung potentieller Lösungsmöglichkeiten tauchen Wünsche, Forderungen und Bedürfnisse in verschiedenen Abstraktionsniveaus auf. Divergierende Strukturen bestehen regelmäßig nur auf der konkreten Wunschebene und sind häufig als Forderungen formuliert. Der Anspruch, eine partnerschaftliche "Jedergewinnt-Lösung" zu erreichen, macht es erforderlich, im Einzelfall vor der Sammlung potentieller Möglichkeiten eine Bedürfnisanalyse der Kontrahenten durchzuführen. Dabei werden die Positionen auf die verursachenden Bedürfnisse untersucht und Wünsche und Hoffnungen als solche klassifiziert und zu Gunsten der Bedürfnisse zurückgestellt[9]. Hier ist die Methode: „Fünfmal-Warum-fragen" einsetzbar und leicht zu steuern. Dinge zum Beispiel auf einem großen Zettel Dinge aufzuschreiben, ist dabei extrem förderlich. Kurzbeispiel:

---

[9] Diese Strategie ist vergleichbar mit dem Punkt des Harvardkonzeptes: Nicht Positionen verhandeln, sondern Interessen! Hier geht es aber einen Schritt weiter, von Interessen zu Bedürfnissen oder von Wünschen zu Bedürfnissen usw.

Ehepaar will in Urlaub:

Mann in die **Alpen**	Frau an die **See**
Warum?	*Warum?*
Klettern, Sport	Luft, Sonne, gesehen werden
2. Warum?	*2. Warum?*
Spaß, Bewegungsfreude	Angst, sonst krank Zu werden
3. Warum?	*3. Warum?*
mir soll es gut gehen	ich muss für mich sorgen
4. Warum?	*4. Warum?*
Gesundheit und Glück	Gesundheit und Glück
5, Warum?	*5. Warum?*

Die Bedürfnisse gleichen sich immer weiter an und werden immer ähnlicher. Eine gemeinsame Lösung wird dadurch erheblich vereinfacht, weil jetzt nahezu das gleiche Ziel anstrebt wird. Es gibt natürlich Urlaubsorte, bei denen Berge und Meer nahe beieinander. Darüber hinaus ist die Qualität der Lösung sehr einfach überprüfbar. Man stellt die Frage: *„Sind alle Bedürfnisse befriedigt?"* Dann geht man sie einzeln durch. Diese Frage an jeden Beteiligten ist von großer Bedeutung. Ist jemand nicht zu 80 - 100% zufrieden, so muss weitergearbeitet werden: *Was fehlt? Wo muss etwas nachgetragen werden?* Nicht selten fällt dabei auf, dass das Problem ein ganz anders ist. Hier z.B.: *Du bestimmst immer, diesmal will ich bestimmen!!!*

Mit den evtl. Ergänzungen kann die Lösungen erneut bearbeitet werden, bis eine akzeptierbare Zufriedenheit erreicht ist - oder bewusst und bejahend mit der unvollständigen Lösung gelebt werden kann.

Systematische Problemlösung

Auf diese Weise entsteht bei z.B. zwei Personen zusammengerechnet eine deutlich über 100% hinausgehende Lösungsqualität[10]. Wenn sie einen Kompromiss aushandeln, haben die Vertreter der Parteien häufig einen Zufriedenheitswert (bei Befragungen) von < 50%. Sie fühlen sich teilweise als Verlierer. So werden sie noch dazu auch von anderen gesehen, selbst wenn sie genau 50% erreicht haben. Zusammengezählt ergibt das beispielsweise => 70 - 100%. Arbeitet man nach den hier vorgestellten Methoden sind zusammengenommen bis zu 200% Zufriedenheit nicht ungewöhnlich.

Es gibt beinahe immer eine Niederlage-lose-Methode - man muss sie nur finden.

Dazu ein Beispiel:
Streit um den Kauf eines Mountainbikes
Bedürfnisse

Vater	Sohn
will kein MTB kaufen,	will unbedingt ein MTB,
Sorge um Gesundheit,	anerkannt werden,
Respekt im Umgang,	geländegängiger
verantwortungsvoller	Spaßfaktor,

---

[10] Th. Gordon bezeichnet dies als Niederlage-Lose-Methode, Siehe dazu Familienkonferenz oder Managerkonferenz

Umgang mit Geld,	selber entscheiden dürfen,
Aufgaben erbringen,	Vertrauen der Eltern,
schulische Leitungen	Verantwortung für eigenes Geld

**Potentielle Lösungsmöglichkeiten
(gemeinsam gesammelt)**
im Straßenverkehr normales Fahrrad
MTB-Sicherheitstraining
Alternative Sportart suchen
neue Freunde suchen
Mitarbeit im Haushalt usw.
Übernahme von Pflichten
Sicherheitstraining mit Freunden
Infos einholen: MTB-Preis, Ausstattung, Qualität
MTB über Prämie bekommen (Zeitung)
keine Weihnnachts-/Ostergeschenke -MTB jetzt
Darlehn von den Eltern
nur verkehrssicheres MTB
Engagement für Schule
neues MTB vom Konfi-Geld
max. 200 Euro von Konfigeld
altes Fahrrad in Zahlung geben
über ebye versteigern
gebrauchtes MTB
Gespräch mit Oma-Zuschuss
Fahren nur mit Schutzkleidung   usw.

Die gefundenen Vorschläge kann man jetzt sehr einfach von beiden Seiten mit Schulnoten bewerten, aus-
suchen und zu einer tragbaren Kombination zusam-
menführen. Häufig sind es gerade die Kombinationen,
die eine hohe Zufriedenheit hervorrufen.

Ähnlich umfangreich ist auch der nächste Themenkreis.
Es handelt sich dabei um eine schädliche Verhaltensweise,
die einen vernünftigen biologischen Hintergrund hat, aber
für moderne Menschen nicht mehr sinnvoll ist. Die kann
aber erfreulicherweise leicht umgelernt oder verändert werden.

2. Verhaltensfehler durch Angst und Unsicherheit

Fragt man Mitmenschen im Alltag nach dem Begriff „Angst",
so bemerkt man schnell, dass er sehr negativ belegt ist. Es
ist eben ein unangenehmes Gefühl, das jeder erfahrene
Mensch aus eigenem Erleben kennt. *Angst ist negativ.*

Erst wenn man die individuelle Ebene verlässt und etwas
globaler nachdenkt, fällt auf, dass Angst vermutlich die
meisten Lebewesen auf diesem Planeten vor dem Ausster-
ben bewahrt hat. Vermutlich ist das auch beim Menschen
so. Es bedeutet für die Evolution und Biologie: *Angst ist etwas sehr Positives.*

So wundert es auch die Hirnforscher und Lerntheoretiker
nicht, dass Erlebnisse mit Angst sofort im Langzeitgedächtnis abgespeichert werden. Damit stellt dieser schnelle Vorgang einen deutlichen Unterschied dar zum „normalen"

Lernen. Dort muss mehrfach wiederholt, vertieft und generalisiert werden, um den Inhalt vom Ultrakurzzeit- und Kurzzeitgedächtnis ins Langzeitgedächtnis zu bekommen. Bei Angsterlebnissen geht alles unkompliziert und automatisch.

Welche Vorteile hat die Angst in der Natur und für die Evolution?

Angst veranlasst die betroffenen Lebewesen, die erlebte angstauslösende Situation zukünftig zu meiden und damit Gefahren zu minimieren. Das ist absolut vernünftig. Ist das erst einmal im Gehirn abgespeichert, reichen schon kleine Teile der vorher erlebten Einzelheiten oder damit verbundenen Geräusche und Gerüche, um die Erinnerungen sofort vollständig aufflammen zu lassen. Erneut wird Angst empfunden und ein Flucht- und Vermeidungsverhalten ausgelöst. Das schützt natürlich und ist arterhaltend. Damit die Wirkung auch langfristig gut funktioniert, verstärkt jedes „Erinnern" und erneute Erleben des Gefühls die alte ursprünglich abgespeicherte Quelldatei. Unser Gehirn kann nicht automatisch unterscheiden, ob es sich nur um eine Erinnerung handelt oder um eine Wiederholung. Die auftretende Angst ist die gleiche und verstärkt und bestätigt das Gedächtnis. So wird man allerdings auch angstkrank.

Ein Mensch, der gelernt hat, zeitnah zu reflektieren, z.B. bei der ersten Wahrnehmung der Angst, kann die negativen Folgen verhindern, indem er zunächst ruhig ausatmet und die gefühlte Gefährlichkeit überprüft. Das vermindert die Wirkung der Angstdatei. Bleibt man dann noch standhaft und stellt sich der Situation, „flüchtet" also nicht, wird diese Situationsangst mit jedem Mal geringer und nicht verstärkt.

Gibt es noch andere Nachteile?
Natürlich gibt es die. Angst behindert, stresst und verschlechtert die Lebensqualität. Was weniger bekannt ist, sie führt auch zu einer teilweisen Realitätsablösung und erfolgt automatisch, ohne Zutun anderer.

Das hat auch eine besondere Bedeutung für Glück und Zufriedenheit. Treten nämlich negative und positive Gefühle gleichzeitig auf, was sehr häufig der Fall ist, so wenden wir uns so gut wie immer dem Negativen zu. Biologisch ist das gut, weil so Schaden verhindert werden kann. Gleichzeitig verhindert es aber auch eine wirklich gute Lebenszufriedenheit und ein glückliches Leben. (Siehe dazu 5. *Wir sind nicht auf dieser Welt, um glücklich zu sein. Mehr Glück herstellen!*).

Ähnlich problematisch ist auch die natürliche Angst während der kindlichen Entwicklung: Mit ca. drei Jahren sagt dein Sohn plötzlich nicht mehr: *„Peter will…"* Jetzt heißt es plötzlich: „**Ich** will…." Viele Eltern sind überrascht und von den auf einmal vorliegenden starken Energien erschreckt. Das ist aber eigentlich die tatsächliche Geburt des Menschen. Peter hat jetzt begriffen, dass er ein eigenes Wesen hat und bildet in den nächsten Wochen sein individuelles EGO. Diese Erkenntnis der eigenen Identität ist etwas Tolles, aber nicht ungefährlich und nicht sehr realistisch. Sie wird sehr häufig völlig falsch wahrgenommen. Viele Eltern und Erziehende bezeichnen die Zeit als die erste Trotz-phase. Viel fehlerhafter kann man das nicht betrachten.

In dieser Entwicklungsstufe entsteht leider auch Angst pa-rallel mit der wachsenden Fähigkeit, etwas über die Zukunft zu verstehen. Das ist vermutlich das, was in der Bibel (1. Mose 3) nach dem Essen vom Baum der Erkenntnis und mit dem Verlassen des Paradieses gemeint ist: *„Im Schweiße Deines Angesichts sollst du dein Brot essen, bis dass du wieder zu Erde werdest, davon du genommen bist"...."* Das erklärt sehr einfach die auftretende diffuse Angst vor der Zukunft, die beinahe alle Menschen kennen.

Gleichzeitig wird dringend notwendige Nahrung für das Selbstwertgefühl gesucht: Wie bekomme ich die notwendi-gen „Streicheleinheiten"? Bekomme ich sie dadurch, dass ich so bin, wie ich bin? Oder muss ich verschiedene Rollen spielen, erfolgreich oder nur lieb sein? In dieser Zeit können sehr viele schlimme Fehler passieren, die das ganze Leben Behinderungen darstellen. Das ist eine extrem schwierige Aufgabe für einen kleinen Menschen und sollte von Eltern und allen Bezugspersonen mit einer sehr menschlichen Haltung und ausreichender Kompetenz begleitet werden. Hinzu kommt noch der natürliche Trieb, sich mit anderen zu vergleichen und möglichst einen hohen Rang einzuneh-men. Vermutlich ist das stammesgeschichtlich entstanden, weil damit vieles leichter war. Allerdings hat sich das in der modernen Zeit nicht mehr als so wirksam erwiesen, lebt aber noch in großem Stil weiter und nimmt manchmal sehr unangenehme Formen an.

Was bedeutet das alles für unsere moderne Gesellschaft?

Viel Menschen leiden unter zu viel Stress. Entsprechende Erkrankungen sind ein zeittypisches Phänomen unserer Zeit. Dabei muss berücksichtigt werden, dass langanhaltender Stress nicht nur krank machen kann, sondern unsere Gefühle beeinflusst und irgendwann auch Angst auslöst[13].

Angst verursacht automatisch Stress. Sie verursacht, wie wir schon wissen, Fluchtgedanken und ein mehr oder weniger ausgeprägtes Vermeidungsverhalten für die Zukunft. Folgt man diesem Impuls, so verstärkt er sich, und das Vermeidungsmotiv wird immer zeitstabiler. Die Angst wird also nicht weniger, sondern bleibt erhalten oder wird sogar noch deutlicher. Wir sind vermutlich das lernfähigste Lebewesen auf diesem Planeten und lernen allerdings auch ungesunde und schädliche Dinge in der gleichen Intensität wie nützliche. So wird man auch krank.

Erfahrungen auf diesem Gebiet legen sogar nahe, dass jedes erfolgreiche Vermeiden oder Erinnern die Menge der funktionierenden Auslöser vergrößert. Alles verbreitet sich. In der Natur ist das sicherlich sinnvoll. Es passt aber nicht mehr genau in unser modernes Leben. Angsterkrankungen gehören mittlerweile zu den häufigsten psychischen Störungen. Da sie gelernt sind, kann man sie auch wieder verlernen. Es ist natürlich noch besser, sie schon vorher zu vermeiden. Ungünstiges sollte nicht abgespeichert werden. Therapeuten wissen, dass jahrelanges Vermeiden oftmals Verhalten oder spezifisches Nichtverhalten auslöst, das

---

[13] 2007, G. Hüther, *Biologie der Angst*

dann nicht mehr zu verstehen ist. Der Ursprung ist nicht mehr zu erkennen und schlecht zu bearbeiten.

Ich kann mich an einen Therapiefall erinnern, bei dem eine junge Frau keine weichen Wollpullover anfassen oder anziehen konnte. Besonders schlimm war es bei Angora. Was soll man da machen? Soll man sie an Wolle praktisch gewöhnen? Nach sehr langer Zeit konnten wir gemeinsam den für ihr Verhalten auslösenden Ursprung ausfindig machen. Das erste Mal in ihrem Leben hatte sie als kleines Mädchen Kontakt zu lebenden Tieren in einem Streichelzoo. Bis dahin hatte sie nur viele schöne Erfahrungen mit Plüschtieren gesammelt. Diese neuen Tiere bewegten sich aber, waren warm, knochig und auch weich. Das erschreckte sie plötzlich so stark, dass sie laut schrie und der Vater sie nur durch Hochreißen und Verlassen des Gatters und des Zoos beruhigen konnte. Es dauerte dann noch eine lange Zeit, bis sie sich wieder ansprechen ließ. Der Besuch im Streichelzoo wurde nicht erneut versucht oder wiederholt. Das war eindeutig ein „traumatisches" Erleben. In der Zukunft hatte sie zunächst Angst vor allen möglichen Tieren und plötzlich auftretenden Bewegungen, dann Unwohlsein vor fellähnlichem Material und schließlich auch vor Wollstoffen. Es wurde versäumt, sie rechtzeitig andere relativierende Erfahrungen zusätzlich machen zu lassen. Aber wer erkennt schon solche Gefahren und versteht die Hintergründe?

Aber was soll uns diese Geschichte sagen? Menschen haben natürlicherweise häufig Angst. Die normale Strategie ist, wie wir schon wissen, alles was Angst auslöst, zu vermeiden. Folgt der oder die Betroffene dem Vermeidungs-

und Fluchtimpuls, so wird der erste Schritt eingeleitet. Die Angst wird verstärkt und nicht abgeschwächt. Mit anderen Worten: Diese <u>normale Reaktion</u> ist für Angstbewältigung biologisch sinnvoll, aber für „moderne" Menschen sehr häufig ungünstig bis falsch. Sie könnten ernsthaft erkranken und neue, erleichternde Erfahrungen systematisch verhindern.

Dazu ein Beispiel: Eine junge Frau läuft jeden Morgen in der Frühe in einem naheliegenden Park. An einem Tag wird sie unvermittelt von einem nicht angeleinten großen Hund angefallen. Es passiert nichts Schlimmes, aber sie bekommt einen extrem großen Schreck und kann sich sehr lange nicht beruhigen. Der Streit mit dem uneinsichtigen Hundehalter verstärkt noch alles. Am nächsten Morgen verlässt sie wieder das Haus, um erneut zu laufen. Am Ende der Straße sieht sie einen Hund. Sie bemerkt, dass sie Angst bekommt. <u>Jetzt kommt es aber darauf an!</u> Wenn sie jetzt die Straßenseite wechselt, eine andere Straße nimmt oder ihr Vorhaben ganz aufgibt, kann eine Angststörung ihren Anfang nehmen. Besser wäre es, sie würde in Ruhe ausatmen und ein Selbstgespräch führen: *„Ich habe jetzt Angst, das ist gut so. Aber ich lasse mir mein Leben von leichtsinnigen Hundehaltern nicht verderben. Ich laufe meine geplante Strecke."* Was sie dann mit Vorsicht auch tut. Damit wird die alte ursprüngliche Angsterinnerung mit der zusätzlichen vernünftigen Bewältigung angereichert und überlagert, also relativiert, abgeschwächt und teilweise überschrieben. Es bleibt auf keinen Fall so, wie es war. Über diese Funktionen von Standhalten und/oder Flüchten sollten moderne Menschen unbedingt Bescheid wissen.

Wie hartnäckig solche Angsterlebnisse sein können, sehen wir daran, dass nach einem erlebten Einbruch häufig die Opfer sich in ihrer Wohnung nicht mehr wohl fühlen und auch manchmal sogar umziehen wollen. Sie kontrollieren mehrfach am Abend die Schlösser und schrecken bei jedem Geräusch auf. Das ist normal und nicht ungewöhnlich. Dann stellen sie aber fest, dass selbst in der neuen Wohnung die alten Gefühle noch anwesend sind. Es liegt eben nicht an der Umgebung oder an der Wohnung, sondern an den eigenen Gedanken, an den ungünstigen Selbstgesprächen, fehlenden Relativierungen und gelernten untauglichen Bewältigungsbemühungen. Ein Umzug war gar nicht notwendig.

Dazu noch ein anderes konsequentes Beispiel aus der Praxis:
Eine Frau wird auf ihrem Fahrrad ohne jede Vorwarnung von hinten mit einem Messer gestochen. Sie fällt verletzt in den Graben. Der Täter und das Motiv sind nicht zu ermitteln. Eine Operation ist notwendig. Danach findet zeitnah ein therapeutisches Gespräch mit ihr und dem Freund statt. Sie will nun aktuell ihr Rad verkaufen, nie mehr fahren, schon gar nicht diese gefährliche Strecke auf der es zum Übergriff kam. Nach einiger Zeit wird ihr klar, dass das ihr weiteres Leben sehr stark einschränken würde, dass sie deshalb möglichst schnell wieder die gleiche Strecke fahren sollte. Das muss nur ohne größere Angst passieren. Also wenn das Angstgefühl kommt, muss man ausatmen und die Gefährlichkeit überprüfen und eventuell akut mit anderen darüber sprechen.

Sie nimmt sich vor, notfalls in einer Gruppe zu fahren oder es zunächst mit ihrem Freund zu versuchen. Auch hält sie es jetzt für möglich, dass ihr Freund vor
fährt, sie dicht dahinter bleibt. Und sie beide versuchen danach, es beim nächsten Mal in umgekehrter Reihenfolge zu versuchen. Später könnte sie auch wieder allein fahren. Wichtig dabei bleibt, es muss ziemlich angstfrei funktionieren. Tritt zu strake Angst auf, muss unbedingt die „softere" Version wieder mehrmals benutzt werden. Schon nach 14 Tagen kommt ein gut gelaunter Anruf. Sie sei sehr froh, fahre wieder ohne Angst wie in früheren Zeiten. Allerdings waren die ersten Versuche schon sehr unangenehm und von Angst begleitet. Aber darauf war sie ja Gott sei Dank vorbereitet.

Zusammenfassend kann gesagt werden: Nach Möglichkeit sollte man nicht „vermeiden", sondern standhaft sein, die Angst als etwas Gutes betrachten und akzeptieren. Trotzdem sollte man bei der ersten Regung, beim ersten Aufkommen einer Angstempfindung ausatmen, sofort stoppen, nüchtern konstatieren, alles betrachten und ein konstruktives Selbstgespräch führen.
Damit kommen wir auf eine weitere menschliche Schwierigkeit, die ernste Folgen haben kann. Sie ist aber nach dem Verstehen sicher zu beherrschen und unwirksam zu machen.

**Destruktive Gedankenkreisläufe als Quelle für Unzu-
friedenheit, Unglück und depressive Verstimmungen**

Unsere Psyche sorgt dafür, dass wir Gedanken nahezu immer mit Gefühlen anreichern. Allerdings verursachen Gefühle auch wieder automatisch dazu passende Gedanken.
Dieser simple Kreislauf ist häufig sehr langlebig und stabil.
Ist dieses Erleben belastend, ist auch diese Belastung langlebig und verursacht über längere Zeit eine Veränderung
der Lebensqualität und kann auch ernsthaft krankmachen.
Es verhindert extrem häufig Glück und eine gesunde Haltung gegenüber den Menschen und der Gesellschaft. Diese
Kreisläufe sind verantwortlich für schlechte Gefühle, für Le-
bensbelastung, depressive Lebenseinschränkungen und
häufig auch für Krankheiten.

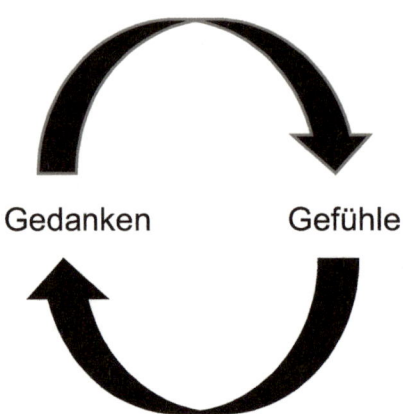

Gedanken   Gefühle

Erfreulicherweise gibt es daraus einen funktionierenden
Ausweg. Wenn Ihnen auch nur etwas daran liegt, dass es
Ihnen besser geht, sie mehr Freude und Sinn empfinden,

dann setzten Sie sich möglichst konsequent hin und machen diese Aufgabe und Übung zeitnah, nicht bei Gelegenheit.

Dieser gute erprobte und sehr erfolgreicher Weg besteht darin, bei einem aufgetretenen negativen Gefühl, sich genau darauf zu konzentrieren. *„Mir geht es im Moment nicht gut, ich bin niedergeschlagen, traurig oder auch sauer."*

Wie heißt das Gefühl genau, um was geht es? Hilflosigkeit, Trauer, Überforderung, Wut, Verzweiflung? Nehmen Sie sich unbedingt die Zeit und denken Sie nach, fühlen Sie, nehmen Sie einen Zettel und schreiben Sie die gefundenen Worte auf. Es kann auch vorteilhaft mit einer vertrauten Person darüber zu reden. Danach machen Sie Pfeile auf die andere Hälfte der Seite und konzentrieren sich darauf, welche Gedanken, Sätze und Argumente durch Ihren Kopf gehen. Auch die aufschreiben. Das kann man häufiger wiederholen, auch den nächsten Tag sollten Sie dafür noch benutzen und alles vervollständigen und immer daran denken: Zwischendurch ganz bewusst ausatmen und mehr zur Ruhe kommen. Schon dabei müssten Sie bemerken, wie sich Ihre Befindlichkeit verändert. Die Gefühle und Sätze können dabei deutlicher werden, sie werden auf jeden Fall klarer.

Wenn Sie das Gefühle haben, es steht genug auf dem Blatt, sollten Sie in Ruhe überlegen und mit Feilen notieren, welche anderen Gedanken und Sätze auch möglich sind, was relativieren und die Gefühle verbessern könnte. Auch die müssen aufgeschrieben werden.

Franklin D. Roosevelt
Die Menschen sind nicht Gefangene ihres Schicksals; sie sind Gefangene ihrer Gedanken.

Marc Aurel
Das Leben eines Menschen ist das, was seine Gedanken daraus machen.

Neuer Satz (aufschreiben oder aufs Handy bringen)

Sicherheitshalber noch einmal etwas sachlicher dargestellt: Wenn der individuelle Kreislauf Ihnen bekannt wird, sollten Sie Ihn schriftlich fixieren und auch die verschiedenen Gedanken und Sätze wörtlich festhalten und auch die Gefühle ebenfalls notieren.

Sie müssen ab diesem Zeitpunkt in der aktuellen Situation ausatmen, unbedingt den anderen Gedanken zusätzlich aufrufen und so anfangen, regelmäßig anders zu denken. Das Gehirn wird sich das merken und langsam den alten Kreislauf verändern. Seit einigen Jahren ist bewiesen, dass jeder Gedanke eine Wirkung im Gehirn auslöst und die meisten auch eine nervliche Veränderung bewirken, die man feststellen kann. Dann verbessern sich natürlich auch die Gefühle in die Richtung, die Sie wollen. Alles wird angenehmer und mehr Zufriedenheit wird möglich. Die möglichen Ergebnisse und Wirkungen sind unglaublich wirksam und lohnend.[14]

Wie schon gesagt, es hat sich als besonders fruchtbar erwiesen, wenn Sie alle diese Schritte schriftlich festhalten. Es ist auch vorteilhaft, wenn dieser Zettel oder der neue Satz in Ihrem Arbeitszimmer hängt oder als Startseite auf dem Handy erscheint und Sie ihn häufig sehen. Das ist völlig unkompliziert, andere können damit nichts anfangen. Auch dieser Inhalt kann erfolgreich mit der Ausatemübung verbunden werden. Ausatmen und den Kreislauf bemerken und sofort innerlich sagen: *Du bist wieder in dem Kreislauf => deshalb neuer Satz!!* Sofort ist die Wirkung abgeschwächt, gelöscht oder zumindest beherrschbar.

Gedanken sind Kräfte[15]
(oder die Quelle für Destruktives)
„Wir alle können zu diesen beneidenswerten Menschen gehören, wenn wir von unserer Fähigkeit Gebrauch machen, unsere Einstellung zu wählen. Unsere Einstellungen sind der Schlüssel für mehr Zufriedenheit und Erfolg.

---

[14] Damit lassen sich auch depressive Episoden und destruktive Lebenseinstellungen abschwächen, stoppen oder tatsächlich in positiv wirkende Kreisläufe verändern.

[15] Es können auch krankmachende Energie-Vernichter sein, je nachdem, wie sie eingesetzt werden.

Menschen, die ein zufriedenes und befriedigendes Leben führen, haben auch ihre <u>Probleme</u>. Sie gehen mit ihnen jedoch anders um als Menschen, deren Leben unbefriedigend ist. Menschen, die ein erfülltes Leben führen, haben eine Einstellung, die ihnen erlaubt, ihr Leben trotz der Probleme befriedigend und positiv zu gestalten.

Sie und ich, alle Menschen, besitzen eine Freiheit, von der wir viel zu selten Gebrauch machen. …

Wir haben die Wahl, wie wir auf die Menschen und Umstände reagieren. Wir haben diese Freiheit, da wir unsere Gedanken wählen können.

Da wir durch die Wahl unserer Gedanken bestimmen, wie wir uns fühlen, haben wir auch die Wahl, wie wir auf einen Menschen oder die Umstände reagieren."[16]

Wer z.B. mit der Natur in Resonanz kommt oder seinen Garten liebt, hat 365 Tage im Jahr Weihnachten.
Jeden Tag bekommt er Geschenke, sobald er sich nähert oder sich genussvoll auf diese Wahrnehmung einlässt. Mit der gleichen Leichtigkeit, aber mit sehr schädlichen Folgen, kann man sich natürlich auch jeden Tag ärgern.

Über Dinge die passieren oder das Verhalten von Mitmenschen, Politik und vieles andere. Es eignet sich hervorragend, sich herunterziehen zu lassen und das Leben zu erschweren oder sogar ernsthaft krank zu werden. Dann werden die Gedanken zu wirksamen Energie-Vernichtern.

---

[16] Doris Wolf, *Auszug aus www.psychotipps.com*

Wir sind tatsächlich <u>selbst</u> die Verursacher für unser eigenes Glück oder Elend und auch für viele Krankheiten.

Sollte das alles bei Ihnen schon funktionieren und Teil des Alltags mit einer entsprechenden Haltung geworden sein, können Sie das auch auf die Menschen allgemein übertragen und sich über andere Menschen wie über „Blüten" freuen. Das löst nicht nur bei Kindern eine sehr positive Resonanz aus, sondern verbessert die eigene Lebensfreude nochmal um mehrere Stufen und hat auf alle Kontaktpersonen einen nachhaltig positiven Einfluss.

Freude und Freundlichkeit systematisch herstellen
Wenn Sie jemand treffen der kein Lächeln hat, dann schenken Sie nach tiefen Ausatmen ihm Ihres.

Alle Menschen benötigen Achtung und Wertschätzung, um ihr Selbstwertsystem zu konsolidieren. Das beginnt natürlicherweise damit, dass man überhaupt gesehen wird. In unserer modernen hektischen Zeit beachten wir die meisten Menschen, die wir sehen gar nicht. Viele leiden stark darunter, vor allem ältere Menschen. Wir hetzen aneinander vorbei, nehmen keinen Blickkontakt auf. Das wäre auch viel zu aufwendig und anstrengend. Es erzeugt aber ein anonymes, unangenehmes und belastendes Klima fehlender Geborgenheit. Das ist Gift für die Seele und eine Krankheitsursache für die Psyche.

Sie können einen erheblichen Teil davon ändern. Erfreulicherweise ist das gar nicht so schwer. Machen Sie dazu einen Versuch. Wenn Sie sich bei der nächsten Gelegenheit unter Menschen begeben, z.B. beim Einkaufen, schauen Sie zunächst eine Person voll an, atmen Sie bewusst aus und lächeln Sie. Die betroffene Person wird für den Bruchteil einer Sekunde erstaunt sein und dann freundlich zurücklächeln. Was ist jetzt passiert? Ihnen geht es gut und der angelächelten Person geht es besser als zuvor. Sie bekommen diese Investition an Freundlichkeit sofort zurück. Es beginnt ein Gewinner-Gewinner-Spiel. Genaugenommen bekommen Sie sogar noch mehr zurück. Es verbessert sich das Gesamtklima um einen kleinen Beitrag von zwei Lächelnden. Sehr häufig ist der Angelächelte in den nächsten Minuten nicht nur zu Ihnen, sondern auch zu anderen freundlicher als ohne dieses Erlebnis. Ihnen wird es ähnlich gehen. So können Sie die Welt tatsächlich um einen kleinen Teil verändern. Machen Sie das ab dann jeden Tag mindestens zehnmal.

 **Sammeln Sie Lächeln!**

Sie werden merken, dass Sie auf lange Sicht viel sympathischer wirken, dass die Menschen sich gern in Ihrer Nähe aufhalten, sich wohl fühlen und eine erheblich bessere Meinung über Sie entwickeln. Und alles macht auch noch dazu viel Spaß. Die Wirkungen sind unglaublich. Auf längere Sicht werden die Menschen spüren, dass sie es mit einem friedlichen und freundlichen Menschen zu tun haben. Ihnen wird es damit selbst viel besser gehen, den anderen Menschen ebenso und die Welt hat sich in diesem kleinen Teil tatsächlich positiv verändert. Die Angelächelten werden alles in ihrem Bereich automatisch noch verstärken.

Rückbindung

Sehr nahe verwandt mit Gedanken und Einstellungen ist das Problem der diffusen Angst, über die man etwas wissen sollte. Wenn wir uns also unwohl fühlen, haben wir meistens Angst. Wenn wir über die aktuelle Situation und Zukunft nachdenken und gleichzeitig keine eindeutige kausale Erklärung für die negativen Emotionen haben, halten wir das nicht lange aus. Unsere Psyche und unsere Gehirnstrukturen suchen angestrengt einen Verursacher. Ist der nicht so ohne weiteres zu finden, wenden wir uns zunächst in Gedanken an die Vergangenheit. Da war ja noch alles in Ordnung. Die Gedanken an alte Zeiten nehmen zu. Sie werden sogar im Laufe der Zeit noch schöner und als besser empfunden. Dinge, wie z.B. Ordnung und Berechenbarkeit, tauchen als alte erstrebenswerte Formen auf und werden beschworen und wieder herbeigesehnt. Sie werden verklärt und unrealistisch positiv empfunden. Dabei geht es uns zweifellos kurzfristig besser. Das verstärkt den Wunsch, so zu denken. Es dauert aber nicht lange und ist auch nicht selten, dass diese Sehnsucht nach Besserung ergänzt wird durch den Wunsch nach einer starken Macht, die das alles machen soll und Angst und Sorgen abstellt.

Auch hierbei muss klar sein, das ist nicht ein Zeichen von Dummheit oder mangelndem Intellekt. Es erfolgt nahezu automatisch und ist zutiefst menschlich, wenn auch sachlich falsch, ungünstig und führt auf längere Sicht zu untragbaren politischen Ansichten. In der Vergangenheit schien alles besser gewesen zu sein.

In den meisten Fällen war die Vergangenheit gar nicht besser. Es gab mehr Kriege, mehr Gewalt, weniger Beachtung der Menschenrechte, mehr Tote, viel mehr Analphabeten und Krankheiten und vieles mehr. Es macht aber keinen Sinn, in dieser Phase mit diesen Menschen über die Wahrheit zu diskutieren. Sie helfen sich nämlich nur selbst mit dieser Art, es geht ihnen so viel besser. Das wird natürlich dann verteidigt. Es geht nur, sich ihnen bedingungslos zuzuwenden, zuzuhören und ihr Leid zu begreifen.

Was bedeuten diese Erkenntnisse praktisch für Sie? Wenn Sie merken, dass Sie von früher schwärmen, dann sollten Sie unbedingt stoppen, in Ruhe ausatmen und in Gedanken relativieren.

Dazu ein Beispiel aus der Zeit von Corona. In dieser Zeit wünschten sich die meisten Menschen, dass es möglichst schnell wieder so werde wie früher. Das war besonders bei denen, deren Existenz bedroht war, sehr verständlich, z.B. bei Solo-Selbstständigen. Der größere andere Teil fühlte sich in der aktuellen Situation zum Teil sehr unwohl und hatte Angst vor der unbekannten Zukunft. Gleichzeitig ahnten alle, dass es auf keinen Fall genau so sein wird wie früher. Das alles ist verständlich und normal. Vielleicht helfen einige erleichternde Zeilen, die jeder Einzelne von ihnen auch in solchen Situationen selbst denken könnte:

Halte mal einen Moment inne und drehe dich bewusst innerlich um. Versuche mit Ruhe und Distanz nach dem Ausatmen zurückzuschauen. Wie war denn das alte „Normal?" Überfüllte Flugzeuge und extensives Reiseverhalten, sinnentleerter Konsum, Hektik, Konkurrenz, Missgunst und Neid, Ausbeutung von Menschen, Kinderarbeit, Plünderung unseres Planeten, abhängig machende Fertigungsketten mit kleinteiliger Lieferung aus der ganzen Welt. Wir transportierten Waren aus den entlegensten Winkeln der Welt und ruinierten und behinderten die ortsansässigen Lieferanten, vernichteten Arbeitsplätze, versklavten Menschen und erzwangen Kinderarbeit, raubten den Motivierten alle Chancen, ruinierten durch leichtfallende Bestellungen den ortsansässigen Einzelhandel und ließen zu, dass in unseren Beziehungen Distanz und Gleichgültigkeit einzog.

Dreh dich in Gedanken nochmal um 180 Grad und schau auf das kommende neue „Normal." Was kann man erkennen?

Wir kaufen nicht mehr bedingungslos alles, überlegen wofür das gut sein soll, konzentrieren uns auf Familie und Freunde, sparen mehr, bringen der Natur mehr Achtung entgegen, fangen an, selbst zu gärtnern und freuen uns über Selbsthergestelltes und an der möglichen Nähe zur Natur, kaufen vermehrt saisonal und regional, lesen mehr, fangen an, in der Industrie Fertigungsketten zu verkürzen, unabhängiger zu werden, achten mehr auf unsere Mitarbeiter, unsere Nachbarn, ändern unsere Haltung zur Welt, zur Gesellschaft und merken, dass das Zusammenstehen und

Helfen sehr sinnvoll und befriedigend sein kann. Und das alles macht dir Angst?

So oder ähnlich müssten oder könnten Sie ein Selbstgespräch führen. Dann ist der größte Teil der Unsicherheit und Angst sofort gelöscht. Die alte Freiheit wird zurückgewonnen. Sie können natürlich auch weiterhin angstorientiert sein und bleiben. Aber ist das wirklich eine Alternative?

Wie kommt es zu Verschwörungstheorien?

Es geschieht immer häufiger, dass Menschen allgemein Angst haben, die Vorgänge in der Gesellschaft nicht mehr ausreichend verstehen, sich unwohl fühlen, unzufrieden sind, ohne genau zu wissen, warum das so ist. Es wird in der Tat auch alles komplizierter, undurchschaubarer, und es beschleunigt sich noch. Besonders schädlich ist es für sie, wenn diese unsichere und undurchsichtige Situation länger andauert, ohne dass klare Verursacher ausfindig gemacht werden können. Das wird vermutlich durch unsere sich verkomplizierende und beschleunigende Zukunftsgestaltung nicht besser.

Es geht nicht mehr darum zu verhungern, zu erfrieren oder größeren Schaden zu erleiden. Es sind die „kleineren" Dinge, die für die Verursachung verantwortlich sind. Verstärkt und verschlechtert wird dieses unbestimmte Gefühl noch durch die vielen täglichen Nachrichten über die Gesellschaft, Politik, Digitalisierung und die Schnelligkeit der Veränderungen. Alles verursacht zunächst ein sehr tiefes, schlechtes Gefühl und eine langsam wachsende Hilflosigkeit, die dann zu einem fortgeschrittenen Zeitpunkt auch deutlich so erlebt wird. Was soll man da auch wirksam machen? Wenn die schon geschilderte Rückbindung nicht funktioniert oder nicht ausreicht, hält es unsere Psyche nicht aus. Der Zustand kann so nicht bleiben. Die Diskrepanz rumort in unserem Inneren. Vermutlich ist es angeboren, solche Dissonanzen möglichst schnell aufzulösen. Wir suchen deshalb <u>mit allen Mitteln</u> eine Quelle, die alles verursacht. Die ist aber nicht so einfach zu finden, weil es keine einzelne Person oder Ursache sein wird. Eine Rückbindung mit der Sehnsucht nach der Vergangenheit gibt keine wirkliche Erleichterung. Dann wird auch eine sehr unwahrscheinliche oder für andere Menschen offensichtlich unsinnige Erklärung erst ein wenig akzeptiert, dann durch fehlende Alternativen häufiger erinnert und dadurch verstärkt und schließlich sogar geglaubt. Man kann sich dann endlich als Opfer fühlen und andererseits als erleuchteter Aufklärer auftreten. Das ist natürlich attraktiv. Endlich haben sie etwas in der „Hand" (oder im Kopf) und können was tun.

Die erste irgendwie etwas taugliche Erklärung wird dann gern genommen, weil es sehr erleichtert. Sofort geht es etwas besser, es tut also gut und wird so lerntechnisch mit einer positiven Konsequenz belohnt. Dieser erste Erklärungsgedanke trifft in unserem Gehirn auf eine Reihe von relativ wirksamen Verstärkungseffekten. Die Restzweifel an der Kausalität oder Stichhaltigkeit werden dabei psychisch zusätzlich behindert, der guttuende Gedanke wird geschützt und verstärkt. Die vorherrschende Wahrnehmung und Aufmerksamkeit selektiert das Erleben, verändert und verstärkt ebenfalls in die gleiche Richtung. Alles wird noch einseitiger und unrealistisch. Was in diese Richtung geht, das wird bemerkt, anderes vernachlässigt oder gar nicht mehr wahrgenommen. Danach tritt etwas sehr Ungünstiges ein. Alle persönlichen Fähigkeiten werden ab jetzt benutzt, diese geglaubte Theorie zu unterstützen und mit vertretbaren Indizien und Beweisen zu untermauern.

Damit wächst auch die zweite Möglichkeit mit Angst umzugehen, nämlich den Angriff mit Wut und Aggression. Das ist besonders erfolgreich, wenn schon ein festgefügtes Feindbild vorhanden ist. Das heißt, mögliche Aggressionen gegen den gefundenen Feind werden erheblich wahrscheinlicher und viel schlechter zu kontrollieren. Gleichzeitig erlischt weitestgehend auch die Empathie in Richtung des „Feindes"[17] und der Rest des noch funktionierenden Unrechtsbewusstsein.

Macht man das in dieser Richtung lange genug, spricht wohlmöglich noch mit anderen Gesinnungsgenossen darüber und bestärkt sich gegenseitig, kann es schnell unsinnig werden. Werden jetzt noch soziale Medien ausgesucht und zur Bestätigung genutzt, wird der Unsinn absurd. Algorithmen suchen passende Themen, bieten sie dem Suchenden an und verstärken alles bis zur Unsinnigkeit. Gegenmeinungen kommen nicht mehr vor und sind natürlich auch gar nicht mehr erwünscht. Alles sorgt für die Einseitigkeit, bis nichts mehr zu relativieren ist. Sobald im Internet einmal ein Thema aufgerufen wurde, so häufen sich gleiche, ähnliche oder verwandte Beiträge, die angeboten werden. Das war schon alles unsachlich, jetzt wird es eine Katastrophe. Daraus können viele Menschen aus eigener Einsicht nicht mehr aussteigen. Das alles kann unabhängig

---

[17] Siehe dazu Videos von Tania Singer aus der Empathie-Forschung.

von der Höhe des Intellekts geschehen. Machen Sie sich nichts vor, „schlauere Verirrte" sammeln nur tauglichere Indizien und bessere Beweise. Trotzdem ist das alles menschlich und häufig auch nahezu automatisch abgelaufen.

Diese Mechanismen sollten logischerweise alle Menschen kennen und auch ihren Kindern beigebracht haben. Sonst ist es plötzlich zu spät. Deshalb: Den falschen Weg bemerken, auch hier ausatmen und relativieren! Konkret bedeutet das, sobald Sie sich unwohl fühlen und eine Erklärung dafür suchen, sie aber nicht eindeutig finden => ausatmen, Situation akzeptieren, sich einer guten Seite zuwenden, die es natürlich auch geben wird[18].

Seit einigen Jahren wissen wir, dass wir sehr gut funktionierende Spiegelneurone besitzen. Sie verursachen nahezu automatisch so etwas wie Mitgefühl. Schon das Wahrnehmen von Menschen, die leiden, löst in uns ähnliche Gefühle aus. Das funktioniert natürlich auch bei Angst. Die steckt sehr gut an. Haben die Betroffenen aber selber Angst oder Stress aus Unsicherheit und Hilflosigkeit, so werden diese schönen Fähigkeiten der Empathie sofort behindert oder vollständig ausgeschaltet. Zurück bleibt ein Mensch, der nicht mitbekommt, wie andere leiden, der selbst mit seinem unnahbaren Verhalten alles noch verschlimmert und bei ausreichender Erfolglosigkeit auch noch deutlich aggressiver wird. Das kann dann kaum noch jemand verstehen. Trotzdem sollten wir es nicht verharmlosen. Wenn ein

---

[18] Wenn Sie wütend werden und es bemerken, hilft es sehr gut, sich das deutlich zu machen und dabei sofort langsam ausatmen und noch besser zusätzlich bis 10 zählen. Erst danach reagieren.

größerer Teil der Gesellschaft oder „nur" eine Generation, wie z.B. die Generation Z (nach 1995 geboren oder die vielen jungen Menschen in den Vorstädten von Paris), die sich unbeachtet fühlen und als machtlos erleben, verursacht das neben merkwürdigen Auffassungen auch sehr viel Wut und Gewalt.

Natürlich könnte jeder Mensch durch seine Reflexionsfähigkeit das jederzeit aufhalten. Je später dieser Versuch beginnt, um so anstrengender und unangenehmer wird es. Es unterbleibt deshalb fast immer. Das ist nicht der attraktive, leichte oder angenehme Weg. In der folgenden Zeit sucht der Betroffene weiterhin bei allen sich bietenden Gelegenheiten eine Bestätigung seiner Sicht. Je intelligenter der Betroffene ist, umso erfolgreicher wird er dabei sein.

Was passiert, wenn dieser Mensch mit seiner vermutlich unrealistischen Meinung auf eine Gegenauffassung trifft? Wir glauben, dass es jetzt um eine sachliche Diskussion gehen könnte. Das geht aber jetzt nicht mehr. Die potentiell wirksame Zeit dafür ist abgelaufen. Das hätten Gleichaltrige, Freunde, Schule und Eltern ermöglichen können. Jetzt ist es ein Angriff auf die persönliche Integrität und Selbstwertstruktur und wird mit allen zur Verfügung stehenden Mitteln abgewehrt. Funktioniert die Abwehr nicht relativ friedlich, so treten Aggressionen auf, die schnell eskalieren und zu strafbarem Verhalten ausarten. Anschließend werden alle verteidigten Argumente verfestigt. Was können wir daraus lernen? Es sind überwiegend nur zwei Dinge.

A) Sobald Sie sich selbst einer solchen Situation nähern o-
der feststellen, dass Ihre Meinungen und Aussagen verhärten, dass Ihre Empörung zunimmt, atmen Sie ruhig aus.
Halten Sie gedanklich sofort an und zwingen sich zu einer
Kontrolle oder suchen Sie bewusst nach anderen Erklärun-
gen. Menschen in Ihrer Umgebung werden versuchen,
Ihnen zu helfen und dazu ziemlich sicher Hinweise geben.
Wenn Sie nicht mehr nüchtern konstatieren können, stimmt
vermutlich etwas nicht. Sprechen Sie mit Vertrauten darüber oder überprüfen Sie Ihre aktuelle Meinung selbststän-
dig. Das ist in der heutigen Zeit vermutlich so leicht wie
noch nie. Der WEISSE RING schreibt sehr treffend dazu[19]:
*„Grundsätzlich zu zweifeln, zu hinterfragen, kritisch zu sein,
ist eine wichtige Kompetenz. Wer alles glaubt, was so erzählt, geschrieben oder gesendet wird, ist naiv. Wer sich
hier als erleuchteter Aufklärer und gleichzeitig als Opfer
sieht, der hat auf einmal etwas in der Hand, kann aktiv werden und hat das Heft des Handelns wieder in der Hand."*
Lassen Sie es nicht soweit kommen. Gewalt ist dann sehr
wahrscheinlich.

B) Wenn Sie selbst mit jemandem über seine festgefahre-
nen Meinungen sprechen wollen, denken Sie daran, dass
es für den Betroffenen gefährlich und unfruchtbar ist, weil
es die Person persönlich angreift. Meist verschlimmert das
nur alles. Sagen Sie nur, dass Sie es anders sehen und
nicht zustimmen. Sprechen Sie deshalb innerhalb des The-
mas, wenn überhaupt, nur über eine sehr geringe Abweichung, z.B.: *„Kann es sein, dass neben XY auch andere
versuchen, die Weltherrschaft zu übernehmen? Das geht
doch nicht allein."* Je geringer die von Ihnen ernstgemeinte

---

[19] Forum Opferhilfe 012021 S.43

Abweichung ist, umso eher kann das zugelassen werden. Damit ist das Problem nicht sofort beseitigt, aber vielleicht ist es ein wenig weicher geworden, und ein Gespräch bleibt ohne Aggression möglich. Das ist alles zutiefst menschlich, nicht böse, funktioniert nahezu automatisch und ist nicht mit Schuld beladen. Es ist nur leider nur für Fortschritt, Frieden und Gesundheit schädlich.

Das Thema ist so noch nicht vollständig, ohne einen „kurzen" Blick auf die weltweiten Machtverhältnisse geworfen zu haben. Angst in einer Gesellschaft ist für Politiker und andere, die Macht ausüben wollen, sehr attraktiv. Das ist lange bekannt. Deshalb wird sehr viel Energie darin investiert, Angst zu schüren. In der modernen Zeit, in der alles komplizierter und undurchsichtiger wird, ist das sehr viel einfacher geworden. Die Menschen ordnen sich leichter unter und tun vermehrt, was man von ihnen erwartet. Das machen die Konzerne, die Politiker und alle, die Macht ausüben, deshalb sehr gern. Leider führt das nebenbei auch zu einer latenten Unzufriedenheit. Zurzeit erleben wir weltweit einen Trend, machtbeschränkende Demokratieausübung in Richtung neoliberaler Marktfreiheit zu verschieben und dadurch autoritäre Systeme zu fördern. Angst macht dabei alles erheblich leichter und verstärkt diesen Trend. Die allgemeine Unzufriedenheit wächst.

Unterordnung und Gehorsam wird erzeugt, um die Macht ungehindert ausüben zu können. Auch diesen Aspekt können Sie zumindest <u>persönlich</u> bemerken und erheblich abschwächen oder sogar unwirksam machen, wenn Sie ihn in Ihr persönliches Repertoire einbauen können. Sie wissen was wichtig ist: Ausatmen und relativieren und schützende

Selbstgespräche führen. Die diffuse Unzufriedenheit nimmt sogar mit jeder Intervention ab.

3. Bewertungen zerstören das Zusammenleben

Wir wissen nicht, was andere Menschen denken und fühlen. Wir sehen und interpretieren ihr Verhalten nahezu automatisch. Mit Hilfe unserer Spiegelneuronen reagieren wir im Sinne der gefundenen persönlichen Interpretationsergebnisse. Wir werden dabei auch traurig, besorgt, fröhlich oder ärgerlich. Sollte das bewertete Ergebnis nicht innerhalb unseres eigenen Toleranzrahmens bleiben, werden wir auch noch voreingenommen gegen diese Person, vorsichtig und „sauer". Dann sind wir ziemlich sicher wegen unserer <u>eigenen selbsterzeugten</u> Gedanken beleidigt. Das ist nicht sehr schlau, selbst verursacht, aber völlig falsch und normal. Viele Fachleute gehen sogar davon aus, dass wir ohne diese Arbeitsweise gar nicht sozial funktionieren könnten. Da das auch noch sehr beliebt ist, wird es nicht selten völlig unrealistisch übertrieben. Unsere Spiegelneuronen steuern alles und helfen dabei.

 Einen ersten Eindruck kann man nicht wiederholen.

Es handelt sich hier um eine völlig „normale" Funktionsweise unserer Wahrnehmung und Psyche. Vermutlich geht es mit unserer biologischen Ausstattung auch gar nicht anders. Um uns zu schützen, um Gutes von Schädlichem zu unterscheiden, um Menschen überhaupt einschätzen zu können, <u>müssen</u> wir Situationen und Menschen bewerten und analysieren. Wie wir schon wissen, ist das eigentlich sehr vernünftig und funktioniert nahezu automatisch mit der Hilfe unserer Spiegelneuronen. Die erste auftretende Empfindung gibt allerdings die Richtung vor, es ist unabhängig davon, ob sie richtig oder falsch ist. Sie wird aus dem Gedächtnis abgeleitet. Das ist kurzfristig hilfreich, um zunächst Schaden zu verhindern, langfristig aber bedenklich, weil es nur durch unsere Erfahrungen und Erinnerungen genährt wird und so niemals genau auf die neue Person passt. Sie ist immer zu einem großen Prozentsatz falsch und kann Menschen ungerecht diskriminieren. Es schadet auf jeden Fall der neuen Beziehung. Nicht selten ist es der Anfang von Zank und Streit und schlechten Zukunftsaussichten. Eigentlich wollten wir doch Schaden verhindern.

Dieses „Erfolgsmodell" wurde durch unsere Entwicklungsgeschichte noch mehrfach ausgeweitet und ergänzt. Zum Beispiel analysieren wir automatisch noch, wie sich der andere jetzt in der <u>nahen Zukunft</u> weiter verhalten wird. Wir kämen gar nicht ohne unendlich viele Zusammenstöße durch die Fußgängerzone oder durch den dichten Stadtverkehr, wenn wir nicht ständig erfolgreich ahnen würden, was die anderen als nächstes machen werden.

Um alles sicherer, angstfreier und zeitstabil zu organisieren, machen wir uns auch sofort Gedanken über mögliche festgefügte Eigenschaften der Menschen. Damit glauben wir, zukünftiges Verhalten voraussagen zu können. Wie ist er und wie wird er sich zukünftig verhalten? Das geht am besten dadurch, dass wir Charaktereigenschaften unterstellen. Das machen wir dann auch sofort, ohne wirklich zuverlässige Daten zu haben. Dann „wissen" wir, wie dieser Mensch <u>immer</u> reagieren wird, obwohl wir in Wahrheit nur raten und keinerlei Kenntnisse haben. Das setzt spätestens ein, wenn wir etwas länger beobachten oder schon emotional reagiert haben. Dann glauben wir immer fester, dass der andere so ist, wie wir es uns schon vorgestellt haben. Die nächsten Beobachtungen werden selektiert, damit das schon Geglaubte auch bestätigt wird und eine gewisse Sicherheit eintritt. Viele Menschen vertrauen ihrem „Bauchgefühl", das sich im Laufe des Lebens gebildet hat. Obwohl es nahezu hundertprozentig nur mit der Vergangenheit und mit unserem Gedächtnis zu tun hat, absolut aber nichts mit der aktuellen Person, haben wir ein sicheres Gefühl. Hochstapler und Betrüger wissen das genau. Manche haben es zu einer wahren Meisterschaft entwickelt. Sie sind extrem selbstbewusst, sehr zugewandt, aufmerksam und zuvorkommend. Das genügt in vielen Fällen, die gewünschte Manipulation auszulösen. Wenn Sie solch eine fehlerhafte Vorgehensweise für sich verbessern wollen, geht das mit der schon mehrfach vorgestellten Methode: Bereiten Sie möglichst Erstkontakte vor. Sie wissen ja, was passiert. Warten Sie und bemerken Sie den Vorgang, dann atmen Sie in Ruhe aus, stoppen und relativieren, z.B. *Du bewertest!!!* Sie können sich als Ergebnis auf lange Sicht darauf einstellen, dass Sie auf alle Mitmenschen deutlich verträglicher, vernünftiger und kompetenter wirken, sehr viel beliebter und auch wirklich viel besser sein werden.

Dieses Thema hat über den individuellen Ansatz hinaus eine erheblich größere und globalere Bedeutung.

Es spricht vieles dafür, dass dieser Zwang zur Bewertung eine der wichtigsten Keimzellen für Ausgrenzungen, Konflikte, Kriege, Folter und Grausamkeiten auf der Welt darstellt und sehr viel ernster genommen werden sollte. Wir wissen heute, dass diskriminierende Vorurteile und „Feindbilder" die Fähigkeit und auch das Motiv für Empathie und Fürsorge ausschaltet. Ungerechtigkeiten und Grausamkeiten sind dann leicht möglich und können durch Solidarisierung mit anderen Gleichgesinnten zu unmenschlichen Katastrophen führen. Tritt noch eine gezielte Propaganda dazu, ist das Unheil kaum noch aufzuhalten. Nur jede Person kann das individuell bei sich selbst verhindern: Bemerken, Ausatmen und relativieren.

Das alles bedeutet eindeutig, dass es nicht nur eine individuelle Seite, sondern auch eine Verantwortung für die ganze Menschheitsfamilie gibt. Müssten nicht unsere Kinder das schon relativ früh erfahren?

Damit Sie sich selbst und andere Menschen vor ungerechten Vorurteilen etwas schützen können und eine positive Entwicklung für Sie eintreten kann, seien Sie

zunächst vorsichtig,
atmen Sie aus,
prüfen Sie, wie Sie emotional reagieren,
halten Sie das Ergebnis nur vorübergehend fest,
sagen Sie zu sich, dass das noch nichts mit der aktuellen Person zu tun haben kann und
versuchen Sie herauszubekommen, auf welches Detail Sie persönlich reagiert haben.

Danach ist alles entschärft und ziemlich ungefährlich. Die nun folgenden tatsächlichen Reaktionen werden eine völlig andere Qualität haben und friedfertigere Folgen im Gedächtnis hinterlassen.

Alle zu schnellen Feststellungen, alle normalen und hektischen Arbeitsweisen sind zusammengenommen ein Verhängnis für die Menschheit, die vermutlich wesentlich mitverantwortlich sind für viel Unheil, für Streit und sogar Krieg (neben Macht und Geld).

Das Unsinnige ist dabei, eine erlebte positive oder negative Empfindung über eine aktuell beobachtete Person hat gar nichts mit ihr zu tun, sondern nur mit Erinnerungen an andere Menschen aus unserem Gedächtnis, mit persönlichen und gesellschaftlichen Vorurteilen, mit der persönlichen Haltung, mit Erfahrungen und Meinungen aus der Vergangenheit. Wir haben zunächst nur eine völlig ungesicherte Ahnung und erkennen etwas von früher wieder. Trotzdem fangen wir sofort an, diese Empfindung abzusichern, zu urteilen, selektiv wahrzunehmen und alles nach Möglichkeit zu bestätigen oder Widersprechendes zu missachten. Dann wird das „geratene" Urteil immer sicherer, aber nicht richtiger. Diese völlig erfundenen Annahmen tauchen in unserem Gehirn ziemlich automatisch immer wieder auf, setzen sich fest und beeinflussen uns nachhaltig. Man kann es fast nicht glauben, aber so entstehen auch extreme Haltungen. Wir alle kennen diese Sätze: *„Wer so aussieht wie diese Südländer der ist häufig impulsiv und aggressiv. Die haben doch alle Messer. Ein solch dunkler Typ ist bestimmt gefährlich. So ein Fremder wird sich bestimmt ziemlich* *schnell an unsere Frauen ranmachen oder zumindest unsere Arbeitsplätze wegnehmen."* So entsteht Hass und Kriegsgeschrei.

Verstärkt wird alles noch durch eine mehr oder weniger angeborene Abwehrreaktion gegenüber Fremdem und auch fremden Personen. Das alles kennen und üben wir seit der frühen Kindheit.

Sozialisierung

Sehr nahe verwandt damit ist die überwiegend angeboren Neigung zu sozialisieren. Gemeint ist, dass jeder Mensch eine ziemlich festgefügte Vorstellung davon hat, in welchen Grenzen andere Menschen sich kleiden oder verhalten sollen. Sie müssen sich innerhalb dieser Bandbreite aufhalten, sonst reagieren wir mit negativen Gefühlen. Das hat sich besonders bei der Kleidung und Mode in den letzten Jahrzehnten stark abgeschwächt, aber ist vom Grundansatz noch immer sehr wirksam. Es gilt besonders für das Verhalten. Das kann man gut beobachten, wenn z.B. in der Fußgängerzone jemand mit einem Irokesenschnitt oder mit einer völlig ungewöhnlichen Kleidung hergeht, dann kommt er nicht ohne Kommentar sehr weit. Noch extremer ist es, wenn ein Verhalten gezeigt wird, das völlig aus dem üblichen Rahmen herausfällt. Zunächst werden Bemerkungen gemacht, dann geschimpft, gedroht und der Betroffene aufgefordert, das zu ändern. Ist das erfolglos und dauert diese Verhalten länger an, so treten auch zum Teil erhebliche Aggressionen auf. Im Bekanntenkreis oder der Nachbarschaft wird mit sehr viel Emotion solches „Fehlverhalten" diskutiert, geschimpft und sich gegenseitig versichert, wie unmöglich das ist. Langfristig geht das so weit, dass diese Menschen aus gesellschaftlichen Gruppen ausgeschlossen werden. Bei Naturvölkern konnte das sogar schon ein Todesurteil sein.

Das alles hat ebenfalls einen natürlichen und sinnvollen Hintergrund. Es soll die Gemeinschaft schützen, zusammenhalten, Sicherheit und Verlässlichkeit herstellen, alles berechenbar und planbar machen. Wird das deutlich verletzt, tritt Unmut, Wut oder Verängstigung auf. Das ist völlig normal und sollte nicht nur mit negativen Gefühlen verbunden sein. Wenn es Ihnen gelingt, einen solchen Vorgang zu bemerken, der vermutlich jeden Tag mehrmals auftritt, so atmen Sie aus und sagen sich in Ruhe: *Ich möchte jetzt sozialisieren, das ist normal, aber nicht gut.* Danach wird die Reaktion viel vernünftiger sein.

Das ist leider noch nicht alles. Bedauerlicherweise führt das in unserer aktuellen Gesellschaft und Wirtschaftsform sofort zu einer Anpassung der Bewertung in Richtung Marktwert und Selbstoptimierung. Alles muss immer mehr, besser und anerkannter sein. Wachstum um jeden Preis ist wichtig. Welchen Marktwert hat der andere? Was bringt mir die Situation oder der Gesprächspartner?[20] Das macht auch vor unseren eigenen Beziehungen nicht Halt. Alles wird leicht austauschbar. Damit ist dann leider noch nicht Schluss. Wir unterliegen immer mehr einem systemimmanenten Selbstoptimierungswahn und sind häufig mit uns selbst und mit unserer Situation unzufrieden. Das ist ein

---

[20] Verschiedene Bücher von z.B. Christian Felber über eine bessere "Gemeinwohlorientierte Wirtschaftsform"

starker Motor für Konsum. Der ist willkommen und wird natürlich durch Werbung unterstützt. Dann erwarten wir das auch noch von allen anderen Menschen oder werten sie mit einer unvernünftigen Leichtigkeit ab, um selbst etwas besser dazustehen. Das ist Selbsterhöhung durch Fremderniedrigung. Wie unsinnig das sein kann, kann man daran erkennen, dass wir uns gleichzeitig danach sehnen, dass alle Mitmenschen uns attraktiv finden oder zumindest uns überhaupt sehen und akzeptieren. Das gilt natürlich auch genauso für den aktuell Abgewerteten, dem wir das verweigern. Der fühlt genauso.

Das geht auch anders. Allerdings nehme ich, indem ich diese Anregungen formuliere, paradoxerweise auch eine Bewertung vor. Ich bewerte das Bewerten. Wichtig erscheint mir dennoch, Ihnen zu verdeutlichen, dass der Bewertungsvorgang als schädliche Quelle für Stress, Scheidung, Ärger, Wut, Aggression und Krieg angesehen werden muss. Wenn Sie damit besser umgehen wollen, ist es hilfreich, sich mit diesem intensiven Thema gründlich auseinanderzusetzen. Sie wissen schon: Ausatmen, warten, überlegen und nicht sofort reagieren.

Es gibt für eine handhabbare Veränderung noch ein einfaches, ziemlich geniales System, das sogenannte ABC-Modell aus der Rational Emotiven Therapie (RET). Es ist eine sehr wirksame Methode, wenn sie nach dem Ausatmen eingesetzt wird. Situationen werden so erheblich verbessert. Sie werden glücklicher und zufriedener sein können. Beziehungen werden um viele Stufen harmonischer und erfüllender.

Dazu ein paar Hintergründe:

Beinahe alle Menschen bemerken zuerst nur die Konsequenzen (C), die eine Situation in Ihnen auslöst, zum Beispiel eine negative Emotion wie Ärger[21]. Die völlig normale Reaktion ist, sofort nach der Ursache dieser Emotion zu suchen. Oft finden wir diese in unserem sichtbaren Gegenüber. Wir identifizieren diese Person als Auslöser. Damit scheint dann alles klar. Der andere ist schuld und verursacht meine Emotion. Damit ist das Problem noch nicht ausreichend skizziert. Unser Selbstwertsystem zwingt uns, unseren eigenen Beitrag, der nahezu immer vorliegt, nicht zu sehen oder herunterzuspielen. Wir schützen unsere Haltung, unseren Selbstwert und verhindern noch schlechtere Gefühle. Das geschieht auch wieder nahezu automatisch und ermöglich aber schnelle Reaktionen, die aber häufig falsch sind.

Es erscheint dann absolut richtig, alle Folgemaßnahmen auf bzw. gegen diese „schuldige" Person zu richten. Das alles ist leider völlig normal und alltäglich und erklärt nebenbei einen großen Teil der Ehescheidungen. Unrechtsbewusstsein, schlechtes Gewissen oder rationale Kontrolle werden nicht benutzt. Das heißt: Die Konsequenz (**C**), die Folge oder die Wirkung, die sich aus einer Situation ergeben, wird zunächst 1:1 dem vermeintlichen Auslöser zugeschrieben. Das passiert selbst dann, wenn Sie selbst oder die Situation es gewesen sind oder zumindest teilweise dazu einen Beitrag geleistet haben. Der andere wird für das Ergebnis, etwa meine negative Emotion, vollständig verantwortlich gemacht.

---

[21] Das funktioniert auch bei positivem C, dann wird die Person sofort sympathischer empfunden.

A (Auslöser) ⟵▭ **C** (Gefühl)

(Gefühl, weil der Auslöser es verursacht)

Damit wird gesichert, dass kein Schaden für die eigene Person und das persönliche Selbstwertgefühl eintritt. Es ist falsch, aber sehr viel leichter, sich mit dem Fehlverhalten eines anderen zu beschäftigen, als die eigenen Reaktionen kritisch zu betrachten.

Die anderen haben Schuld, ich habe damit nichts zu tun. Diese Strategie ist einfach, psychisch gesunderhaltend und deshalb auch ungemein erfolgreich und beliebt. Sie wird schon von frühester Kindheit eingeübt. Dafür kann man täglich viele Beispiele finden. Es scheint sogar Personen zu geben, die es in diesem Bereich zu unwahrscheinlicher Meisterschaft gebracht haben. Sie selbst haben *nie* mit irgendetwas zu tun. Wenn etwas schiefläuft, waren es *immer* die anderen. Allerdings haben Personen mit einem sehr schwachen Selbstwertsystem häufig keine andere Möglichkeit, als es so zu machen, von sich abzulenken und die Schuld bei anderen zu suchen. Ansonsten würden sie es nicht aushalten. Das ist alles deshalb natürlich, weit verbreitet und anfänglich gesunderhaltend und normal.

Das ist auch nicht vorwerfbar, weil es mehr oder weniger angeboren ist. Leider werden damit beinahe alle Möglichkeiten verhindert, selbst zu wachsen, etwas dazu zu lernen und harmonischer zu interagieren. Wenn Sie es in der Situation erkennen und genau wahrnehmen, atmen Sie aus und relativeren Sie, z.B.: *Habe ich auch einen Anteil an der Sache?* Dann geht so ziemlich alles auch viel konstruktiver.

Langfristig gesehen ist ein solches normale Verhalten ohne Relativierung eine Sackgasse. Entwicklungen werden abgebrochen und Beziehungen nachhaltig gestört. Die gesundesten Keimlinge eines neuen Wunschgartens« werden plattgetrampelt[22]. Das erklärt auch, wieso manche Menschen trotz erheblichen Fehlverhaltens kein schlechtes Gewissen haben.

 Viele Menschen haben nur deshalb ein gutes Gewissen, weil sie die Fähigkeit entwickelt haben, ihr Gewissen nicht zu benutzen.

In der Fachliteratur[23] kann man noch genauere Hintergründe finden. Schließt man Versuchspersonen z.B. an Messgeräte an, die gute Auskunft[24] über Erregung, Aggression und Ärger geben, so stellt sich etwas Erstaunliches heraus.

Das Auge meldet an das Gehirn: *»Hier geschieht gerade dieses und jenes».* Das Gehirn sagt zunächst im übertragenen Sinne »okay» und ‚schaut' dann nach, ob es so etwas kennt. Bis zu diesem Zeitpunkt ist keine über den

---

[22]Erfahrungen aus 40 Jahren Organisations- und Personal-entwicklungsberatung, ivt.hamm.de
[23] Forschungsergebnisse über Stressabläufe oder Rational Emotive Therapie
[24] Das wird durch viele andere Vorgänge, zum Beispiel der Rationalisierung und Projektion, noch wesentlich begünstigt und ergänzt.

Verarbeitungsprozess hinausgehende Erhöhung der Erregung festzustellen. Ärger oder Aggression sind noch in weiter Ferne. Erst in dem Moment, in dem eine Wiedererkennung stattfindet, zum Beispiel: »Achtung gefährlich! « oder »Nett, kenn' ich«, tritt eine emotionale Einfärbung und Erregung ein oder zusätzlich eine starke Irritation bei Unbekanntem. Die Messinstrumente haben bis zu diesem Zeitpunkt Mühe, etwas Relevantes festzustellen. Es passiert erst etwas, wenn der Wahrnehmende anfängt zu <u>bewerten</u>: *»Das ist gefährlich! Das ist doch wohl eine Unverschämtheit! Du willst mir was! Du hast es gerade nötig!* « Diese oder ähnliche Sätze kennt jeder. Und danach wird erst so richtig aufgerüstet. Die Blutgefäße verkrampfen, der Blutdruck steigt blitzschnell, Herz- und Atemfrequenz werden erhöht, die Muskeln werden vorgespannt, Blutzucker wird gelöst. Die Messgeräte explodieren.

Weshalb geschieht das? Im Sinne der Biologie und Natur passiert das, um entweder aus der Situation zu flüchten oder anzugreifen. Können wir nicht aktiv werden – und dahingehend setzt unser modernes Leben uns vielfältigste Schranken - so bewerten wir weiter, verurteilen oder schimpfen innerlich. Wir tragen das nicht selten die nächste Zeit mit uns herum, erinnern uns und schimpfen und werten weiter ab. Das belastet die nächsten Begegnungen und unsere Beziehungen, vernichtet den Rest unserer Zufriedenheit und löst Streit und Konflikte aus. Die Erregung steigt und bleibt auf hohem Niveau über lange Zeit aufrechterhalten. Gleichzeitig wird die negative Meinung auf die betroffene Person übertragen und später auch noch als Eigenschaft betrachtet.

Alles wird verschlimmert, bis es uns so richtig schlecht geht. Nach einiger Zeit reicht es schon, sich zu erinnern, und schon fährt unser System hoch. Wir regen uns mit der dazugehörigen Schuldzuschreibung auf und verfestigen weiterhin unsere Meinung.

 Es ist aber gar nicht die auslösende Person, die das verursacht, sondern biologisch gesehen machen wir das selbst durch unsere eigene _Bewertung_ und _Verarbeitung._

Sie führt zu den Tiefen oder Höhen der Wut, der schwer zu kontrollierenden Aggression oder auch zu Angst. Eigentlich sind das Gründe genug, um das abzustellen und daran konsequent zu arbeiten. Hinzu kommt, dass alle stark emotionserhöhenden Dosen leider auch die Fähigkeit des Gehirns einschränken. Zum Teil ist es sogar so, dass nur die einfachsten Reaktionen wie Flucht oder Angriff übrigbleiben[25]. Alles andere funktioniert dann nicht mehr. Genau genommen benehmen wir uns dann nur noch auf der Reaktionsebene der Tierwelt.

Dazu ein alltägliches Beispiel: Sie werden schon früh morgens auf der Treppe von einem Vorgesetzten angegriffen: _»Was ist da wieder passiert?«_ Sie sind völlig überrascht und versuchen ziemlich hilflos, etwas zu entgegnen. Nur wenige Minuten später ärgern Sie sich über sich selbst und denken: _»Warum hast du das und das nicht gesagt? Warum ist dir das nicht eingefallen? Das_

---

[25] 2006, David Servan-Schreiber: Die Neue Medizin der Emotionen, München

wäre doch genau das Richtige gewesen.« Erregung behindert das Gehirn, teilweise sogar vollständig. Da <u>Sie sich selbst</u> erregen, verursachen Sie auch selbst die Behinderung. Der Volksmund besitzt häufig eine tiefgreifende Weisheit. Wir sagen nämlich durchaus zutreffend:

»<u>Ich</u> rege mich auf.«
»<u>Ich</u> ärgere mich.«
»<u>Ich</u> werde jetzt sauer.«

Das ist genau richtig. <u>Sie</u> ärgern sich, und Sie regen sich selbst auf. Das tut nicht der andere. Sie werden auch tatsächlich »sauer«. Das kann man sogar messen. Hören Sie doch einfach damit auf! Viele erstaunliche andere Dinge passieren zusätzlich, die man erst bei intensivem Nachdenken glauben kann[26]. Erst wenn Sie sich klarmachen, dass es die Bewertung ist, die alles auslöst, kann etwas Neues wachsen.

A ?   **B ewertung** ⇐⇒ Gefühl - **weil B**!!

Die meiste Energie für Ärger, Wut und Hass wird in uns und durch uns selbst hergestellt. Evolutionspsychologisch betrachtet hatte das einen Überlebensvorteil. Doch das Gute ist: Wir können diese beziehungsschädlichen Emotionen selbst relativ einfach beeinflussen und verhindern[27].

---

[26] Fruchtbarkeit, Körperabwehr, Verdauung, Leistung des Gehirns nehmen ab usw. Quellen über Stressbewältigung (Vester, Grewe, Brengelmann u. a.)
[27] Grundstrukturen aus Albert Ellis: Die rational-emotive Therapie, 1982,

Erfahrungsgemäß gibt es verschiedene Wege, sich dem Ziel, erheblich weniger Ärger oder Wut zu empfinden, zu nähern. Als erstes könnten Sie erst einmal ruhig ausatmen, die eigenen Gefühle wahrnehmen und darüber z.B. etwas zu den anderen Menschen sagen (Fallgruppe B => ich habe ein Problem und sage: *Ich merke gerade, wie ich beginne, mich zu ärgern.*

Sich die Abläufe nur klarzumachen, das bringt sehr wenig. Außer einer gewissen Freude an der neuen Erkenntnis tritt kein wirkliches Wachstum ein. Erst wenn man eigenes Verhalten und Empfinden selbst reflektiert und damit positive Erfahrungen erlebt, können ein Lernen oder nachhaltigere Veränderungen einsetzen. Das passiert unabhängig vom Alter und funktioniert auch in der Zeit des ruhigen Ausatmens. Das funktioniert aber nur, wenn Sie es auch wirklich machen. TUN heißt die Devise. Hier wiederholt sich das, was wir schon zuvor diskutiert haben, dass wir unsere Gedanken eigenverantwortlich steuern und unser Befinden damit beeinflussen können.

Wenn Sie sich bei einer »Bewertung« (innerhalb des Ausatmens) ertappen, beenden Sie den inneren Vorgang sofort deutlich mit dem Satz:

 »Stopp, du bewertest!«

Grundgedanken werden auch in GFK, der Gewaltfreien Kommunikation (Marshall Rosenberg) und im Buddhismus genutzt.

Die Wörter reichen erstaunlicherweise völlig aus, um die aufkommenden negativen Gefühle wesentlich zu stoppen und einer relativierenden und der Sache angepassten Verarbeitung Platz zu machen. Die jetzt möglichen Sätze sind weniger feindselig, vernünftiger und für den Gesprächspartner einfacher zu verstehen. Danach ist es um ein Vielfaches einfacher, alles nüchterner zu betrachten. Sie werden ganz nebenbei auch Ihre Haltung zu anderen Menschen positiv verändern. Alles wird freundlicher. Das werden auch Ihre Mitmenschen bemerken.

Keine Feindbilder zulassen

Wir alle wissen, dass es tatsächlich Feinde gibt, Imperialisten oder Feinde der Freiheit, der Menschheit, der Umwelt, des Friedens. So entstehen Feindbilder aus einem nachvollziehbaren Grund. Sie haben aber auch eine wichtige psychologische Funktion, die man kennen muss, um alles zu verstehen und selbstverantwortlich handeln zu können.

Aus dem A-B-C-Modell wissen wir bereits, dass wir regelmäßig einen Schuldigen suchen und bei häufigen Wiederholungen eigene Feindbilder entwickeln, die einerseits etliches vereinfachen und andererseits vieles verschlimmern. Denn Feindbilder bringen Ordnung in das Leben, aber sie sind natürlich ziemlich ungerecht und häufig falsch. Sie entstehen durch unsere Beurteilung von Personen. Wir stellen sie also vor allem selbst her. Dies können wir nur verhindern, indem wir weniger bewerten und viel achtsamer sind.

Der Kabarettist Volker Pispers sagte einmal sinngemäß: *„Wenn Sie ein Feindbild haben, bekommt der Tag Struktur."* Damit bringt er es ziemlich genau auf den Punkt. Ein Feindbild kommt zunächst unserer Psyche sehr entgegen. Wir fühlen uns besser, die Welt ist klar in Schwarz und Weiß getrennt. Das macht alles sehr viel einfacher. Infolgedessen sind wir gern bereit, ein Feindbild zu bilden und auch fest daran zu glauben. Wir reagieren dann sogar erheblich schneller, denken weniger nach, handeln aber nicht unbedingt vernünftiger, sondern beinahe automatisch.

Verstärkt wird dieser Vorgang noch durch eine alles durchdringende Wettbewerbsorientierung. Konkurrenz und Interessenkampf in unserer Gesellschaft sorgen langfristig für eine diffuse Feindbildzusammensetzung, die man nur sehr aufwendig klarer bekommen könnte. Sie stresst und verstärkt die schon vorhandenen Bilder, macht alles bedrohlicher. Die Suche nach Klarheit und möglichen Feindbildern nimmt zu. Das wird uns normalerweise nicht bewusst, färbt jedoch unser tägliches Erleben ein und beeinflusst unsere Reaktionen. Manche Menschen fühlen sich von Konkurrenten und Feinden umzingelt. Die Lebenszufriedenheit sinkt.

Andererseits hilft es den Machthabenden dabei, uns zu steuern und politisch auszurichten. Mit einem Feindbild kann man Meinungen herstellen, Konsum fördern und beeinflussen, Wahlen gewinnen, Kriege und andere unangenehme Vorhaben begründen und alles Mögliche absichern. Es ist deshalb sehr attraktiv für Machtspielchen und eine täglich geübte Praxis. Die Denk- und Bewertungsmuster werden mit verdeckten Interessen oder Werbung gelenkt und sorgen für eine gezielte Feindbildentstehung. Deshalb beschäftigen sich unglaublich viele Menschen aktuell damit, gezielt und geplant künstliche Feindbilder für die Politik und die Werbung herzustellen. Das hat besonders große Bedeutung, wenn man Macht haben und Gewalt ausüben will oder Kriege führen möchte.

 Erst geschieht der Rufmord des Feindes, dann der tatsächliche Angriff.

Deshalb gibt es viele zusätzliche, von außen künstlich hergestellte Bilder, die wir <u>nicht selbst</u> konstruiert haben. Sie werden überwiegend medial vermittelt, also künstlich durch Propaganda oder Werbung initiiert. Sie werden durch leicht veränderte Nachrichten, durch Weglassen und tendenzielle Berichte, einseitige Zeitungsartikel oder durch Lügen und Unwahrheiten generiert. Das können beispielsweise Videos in den Nachrichten sein, die spiegelverkehrt gesendet werden, weil russische Soldaten für unser Gehirn von rechts kommen müssen. Oder es ist der bewusste Austausch von Begriffen, wenn beispielsweise der übliche Begriff ‚gewählter Präsident' durch ‚Machthaber' ersetzt wird[28]. Diese „Kleinigkeiten" wirken langsam, aber gründlich. Die Gesellschaft ist nicht mehr solidarisch. Die Feindbildbesitzer schweißen sich

---

[28] presserat.de - (jährliche Zusammenstellung der Abmahnungen)

zusammen. Das ist wirtschaftlich und politisch sehr beliebt und interessant. Deutlich wird es im Internet, wo es in vielen Videos um Beeinflussung, um Selbstdarstellung oder Macht geht, statt um Information und Hilfe.

Es beginnt mit Verunsicherung

Die Entstehung eines Feindbildes beginnt meist mit Verunsicherung und Angst, die teils sogar bewusst ausgelöst werden, um eine Polarisierung zu erreichen. Dieses Verunsicherungsphänomen haben wir insbesondere seit 1989 mehr oder weniger verstärkt erleben müssen. Seit dem Fall der Mauer und der schneller werdenden Globalisierung hat sich die Zeit für Veränderungen immer weiter verkürzt. Das erlaubt vielen Menschen kaum noch, alles zu verstehen oder zu durchblicken. Manche politische Erklärung wird absichtlich so kompliziert oder nichtssagend gehalten, dass dieser Effekt verstärkt wird. Was soll man denken oder erkennen, wenn ein Politiker mit 20 Sätzen absolut nichts Relevantes von sich gibt? Es bleibt nur Staunen, Verwirrung oder Ärger.

Verunsicherung löst Angst aus. Und Angst ist kein guter Ratgeber. Sie öffnet aber Türen, um ein Feindbild zu suggerieren, das gern akzeptiert wird, weil es vermeintlich alles leichter und klarer macht. Fehlinformationen zerstören langsam das vorhandene Solidargefühl und den noch vorhandenen Zusammenhalt, vernichten den Rest an Vernunft, verringern aber die Angst.

Solche Bilder entstehen normalerweise zufällig. Die Stimmung in der Gesellschaft und die Meinung unserer Bekannten sind eine Art Rahmen, der formt, einiges nahelegt und anderes behindert. Wir übernehmen Feindbilder in der Regel, ohne dass es uns bewusst wird. Wir bemerken weder den Vorgang noch das Ergebnis und sind uns ebenso wenig klar darüber, dass wir es in diesen Fällen gar nicht selbst hergestellt haben[29]. Besonders schlimm ist, dass die menschliche Fähigkeit zu Mitgefühl, Fürsorge und Empathie durch solche Feindbilder nahezu vollständig gelöscht wird. Das Leid der Feinde bedeutet einfach nichts mehr. Ungerechtigkeiten, die normalerweise sofort das Gewissen geweckt hätten, bleiben unbeeinflusst und Aggressionen, Grausamkeiten und Kriege werden plötzlich möglich.

Dabei tritt ein nicht immer gewünschter Nebeneffekt ein. Feindbilder schweißen zusammen und machen die, die sie übernommen haben, weitgehend resistent gegen Veränderungen. Eine Diskussion darüber ist sehr schwierig und meist völlig erfolglos. Häufig verhärten sich dadurch nur noch die Fronten. Wenn der Bündelungseffekt zu mächtig wird und nicht gewünscht ist, wird systematisch „gespalten". *„Teile und herrsche"* bedeutet nicht, dass die Machthaber mit dem Volk etwas teilen wollen. Gemeint ist, Blöcke und Widerstände zu teilen und zu zerschlagen. Das heißt, dass die bestehende Ansicht gespalten wird, z.B. in Ost und West, in Muslime und Christen oder Ausländer und Einheimische, in Rechts und Links, in Retter und IS-

---

[29] Siehe hierzu auch Johannes Geldermann, Daniele Ganser, David Precht, Sebastian Pufpaff, et al oder: *Die Anstalt*- Stichwort „Feindbild"

Kämpfer, in Gut und Böse. Dieses Vorgehen macht mundtot, verhindert fruchtbare Diskussionen, zerstört Wachstum, verfälscht Geschichte und macht die Betroffenen einfältig, dumm und beherrschbar. Aber die Machtmöglichkeiten wachsen.

Das geschieht nicht zufällig, sondern systematisch, um die tatsächlichen Beweggründe zu verschleiern. Gleichzeitig lenkt es besonders stark von wirklich Wichtigem ab. Wenn wir in Gedanken beim Feind sind, kann in uns oder in der „Heimat" alles Mögliche passieren, ohne dass es besonders zur Kenntnis genommen wird. Das klingt alles sehr düster und bedrohlich. Das ist es vermutlich auch, obwohl dieses Verhalten biologisch und psychologisch „normal" ist. Man muss es nicht speziell lernen. Alles beginnt leider mit der normalen Personenbewertung. Die Menschen machen das mehr oder weniger automatisch. Stoppen kann das nur eine entsprechende Kultur, eine Verantwortungsethik, ein funktionierendes Unrechtsbewusstsein oder mit der hier empfohlenen Methode.

Wie bei allen länger dauernden gesellschaftlichen Entwicklungen gibt es erfreulicherweise auch immer eine Gegenbewegung. Eine solche Dialektik oder antithetische Sichtweise ist deshalb seit vielen Jahren zu beobachten. Die „Menschheit" fordert die Einhaltung der Menschenrechte. Wir haben den bedingungslosen Schutz der Würde jedes Menschen als eine Grundlage im Grundgesetz festgeschrieben. Wir beschäftigen uns mit einer weltumfassenden Menschheitsfamilie oder mit der buddhistischen Gelassenheit.

Nutzen Sie diese Gedanken ebenfalls für eine Relativierung nach dem Ausatmen und dem Bemerken negativer Empfindungen. Dann stoppt der innere Verarbeitungsprozess und bleibt einigermaßen realistisch. Wenn Sie wie die meisten Menschen ein Feindbild gebildet haben, suchen Sie es und versuchen Sie es genau zu erfassen. Stellen Sie sich genau vor, wo es beginnt und endet. Sobald Sie das klar haben, ist es aus der Anonymität unseres Unbewussten herausgeholt, wird viel weniger Macht haben und Sie erheblich weniger beeinflussen. Alles wird freundlicher und leichter.

Soll man über festgefügte Feindbilder sprechen?

Es gibt vermutlich kein taugliches Argument, was geeignet wäre, ein Feindbild bei einem anderen Menschen zu erschüttern. Auch die Anzahl der Gegenargumente ist irrelevant. Selbst wenn sich Indizien dafür mehren, dass das Bild falsch ist, verstärkt dies gleichzeitig die Motivation, daran festzuhalten und das Bild zu verteidigen. Denn der Bildbesitzer kann systemisch nur einen *kleinen* Bereich an Relativierung ertragen oder zulassen. Also sollten wir nicht kämpfen, sondern nur relativieren und klarmachen, dass man persönlich alles auch anders sehen kann. Sie sollten aufhören, sobald klar ist, dass Sie eine andere Meinung haben. Schön wäre es, wenn es gelingen könnte, dies ohne „Bewertung" des anderen und ohne Veränderungsabsicht durchzuführen. Das erleichtert es dem Zuhörer um ein Vielfaches, über eine andere Sicht überhaupt einmal nachzudenken. Das Paradoxon lautet: *In dem Moment, in dem wir aufhören, andere ändern zu wollen, werden sie*

selbst die ersten Schritte dazu in Freiheit machen können.
Freiheit und das Motiv für die Selbststeuerung sind nämlich
verwandt und abhängig voneinander.

TIPP
*Wenn es über längere Zeit gelingt, eine wirklich gewaltfreie
oder tolerantere Haltung einzunehmen, werden sich Ihre
eigenen Vorurteile und Feindbilder von selbst
abschwächen und zu einem Teil verschwinden. Es fehlt
dann nichts. Trotzdem bleibt der Bereich Feindbild ein
Problem, das in einem Selbstkonzept genau beobachtet
werden sollte.*

- *Beobachten Sie sich selbst genau und steuern Sie Ihre
  entstehenden Gedanken und Bilder schon während des
  Ausatmens.*

- *Relativieren Sie in einem Gespräch grundsätzlich bei
  verallgemeinernden Feindbildern. Sagen Sie etwas in Ruhe
  dazu, ohne Vorwurf oder einen Streit auszulösen. Davon
  werden auch Sie einen Vorteil haben. Nur so kann
  Solidarisierung aufrechterhalten bleiben.*

- *Ermuntern Sie andere zu einer solchen Vorgehensweise.*

Dazu gehört schon einiger Mut sowie die Einsicht, dass
damit auch Nachteile verbunden sein können. Sagt man
etwas gegen ein fest geglaubtes Bild, löst das zunächst
schlechte Gefühle, teilweise aggressiven Widerstand und
im Extremfall völliges Unverständnis aus. Hardliner fragen
sich dann manchmal, wie man *nur eine solche komische
Meinung haben kann.* Damit sollten Sie rechnen und Ihre

gewaltfreie Haltung aus Verantwortung für die Gemeinschaft und Menschheitsfamilie trotzdem beibehalten. Ich bin sicher, dass es langfristig wirken wird.

4. Nur schlechte Nachrichten sind gute Nachrichten.

Das weiß jeder Journalist. Es gibt nur eine Ausnahme, die ebenfalls sehr beliebt ist. Es muss dann etwas Erstaunliches oder Seltenes sein, z.B. „Hund beißt Mann". Das ist keine Nachricht, aber „Mann beißt Hund" schon. Schlimme oder schlechte Ereignisse sind beliebter als gute. Sie erhöhen sofort unsere Aktionsbereitschaft, erregen uns, ermöglichen eine schnellere Reaktion. Allerdings bringt das nichts, wenn wir gar nichts machen können und vor dem Fernseher sitzen. Dann fördert es die gefühlte Hilflosigkeit, die Verzweiflung und Frustration. Trotzdem ist es eine Erfolgsgeschichte für die Medien. Das führt zu dem Ergebnis, dass wir von morgens bis abends mit schlechten Nachrichten aus der ganzen Welt versorgt werden. Das bringt Einschaltquoten und Interesse für den Sender und für die Werbung. Es verursacht aber gleichzeitig eine Verschlechterung unseres Befindens und unserer Haltung zur Welt und zum Mitmenschen. Wir denken: *„So schlecht ist unsere Welt?"* Dieses Gefühl dringt jetzt noch tiefer in unsere Psyche. Damit es noch etwas schlimmer wird, schauen wir z.Z. zusätzlich noch ca. viele Stunden auf unser Handy und glauben, dass es menschliche Kontakte ersetzen kann. Gut wäre es, wenn Sie die Nachrichteninhalte zuerst nachprüfen würden. Dann können Sie nahezu bei jeder Nachricht relativieren[30]. Die Nachrichten stimmen sowieso oft nicht, weil sie etwas weglassen oder anderes zu sehr betonen oder nur eine Blickrichtung darstellen. Weniger Nachrichten zu sehen, wäre eine zweite Möglichkeit, die funktionsfähig wäre. Sie ist aber vermutlich ebenfalls unpraktisch. Einfacher geht es, wenn wir bei der Wahrnehmung einer Stimmungsverschlechterung (nach einem ruhigen Ausatmen) zu uns sagen: *Ja, ist alles schlimm, aber die meisten wichtigen Dinge verbessern sich.*

Viele Dinge nehmen kontinuierlich ab:

die Kindersterblichkeit,
die Zahl der Analphabeten (nur noch 13%),
schlechte oder keine Bildung,
Anwendung von Gewalt,
schwere Krankheiten,
kriegerische Auseinandersetzungen,
die Anzahl der Toten bei Naturkatastrophen,
Verstöße gegen die Menschenrechte,
Hunger in der Welt usw.

Natürlich ist alles noch viel zu schlimm, aber etwas relativieren wäre angebracht und psychisch gesund. Wenn Ihnen das zu wenig erscheint, werden Sie Recht haben. Es dauert alles zu Lange. Es wird Ihnen und der Welt helfen, wenn Sie eine Kleinigkeit selbst aktiv machen. Helfen Sie z.B. dem Nachbarn oder in einer gemeinnützigen Organisation oder spenden Sie einen kleinen Betrag usw. Unsere Haltung bleibt dann nicht nur realistischer, es wird uns

---

[30] Qualität der Nachrichten: siehe wissenschaftlich seriöse Analysen bei: Media Tenor

selbst auch damit bessergehen. Eine Kleinigkeit hat sich dann nebenbei in unserer Welt auch positiv verbessert.

Es gibt leider noch ein zusätzliches, sehr ernstes Problem bei der „normalen" täglichen Verarbeitung von Reizen. Das möchte ich hier noch zeigen und erklären.

5. Wir sind nicht auf dieser Welt, um glücklich zu sein!

Alle Menschen möchten glücklich sein. Im Alltag werden wir aber mit sehr vielen unterschiedlichen Reizen konfrontiert. Manche sind neutral, andere deuten auf Gefährliches oder Schönes hin. Wenn wir diese Auswahl haben, dann wenden wir uns automatisch dem Negativen und Gefährlichen zu. Das ist biologisch absolut vernünftig, soll es uns und unsere Lieben doch vor Schaden bewahren. Es verursacht aber langfristig eine Meinung über die Umwelt und Mitmenschen, die unrealistisch negativ ist. Gleichzeitig verhindert es gute Gedanken und schöne Gefühle. Mit anderen Worten, wir sind biologisch gesehen nicht auf dieser Welt, um glücklich zu sein. Das müssen wir erst lernen. Das geht sogar ziemlich einfach.

Das Vorziehen von Gefährlichem oder Negativem verursacht sofort eine Erhöhung der Gehirnaktivität und der Erregung, lässt den Körper aufrüsten, um dann auch schneller reagieren zu können. Biologisch ist das alles sehr vernünftig. Wenn wir aber in unserer modernen Zeit täglich die extrem vielen Nachrichten wahrnehmen und auch noch ständig mit den digitalen Medien beschäftigt sind, ist die Flut von Negativem viel zu groß und der Stress zu hoch. Es zieht uns runter und verschlechtert unsere aktuelle Stimmung, erschöpft uns, um danach auch unsere generelle Haltung zu Mitmenschen und zur Welt zu verdüstern.

Unser Leben ist das Ergebnis unserer Gedanken. Durch die Richtung unserer Gedanken bestimmen wir den Ablauf unseres Lebens. Unsere geistige Haltung bestimmt unsere äußeren Verhältnisse.

Was bedeutet das auf längere Sicht? Es ist schwierig, Glück zu empfinden. Wir werden unsicher, traurig und ängstlich, da alles extrem vielfältig und undurchschaubar geworden ist. Dann wird sich ein Angstgefühl und eine Hilflosigkeit einschleichen. Wir suchen Antworten darauf und können sie finden.

Mehr Glück herstellen!
Kosten Sie ihre positiven Gefühle aus, machen Sie sich klar, wie schön Ihr Leben gerade ist. Suchen Sie vermehrt ganz bewusst solche positiven Situationen auf und tun Sie etwas, um die Bilanz in der Wahrnehmung zu Gunsten des Glücks zu verschieben. Es wird sich lohnen. Sie werden immer etwas glücklicher, ohne dass Sie mehr Geld zur Verfügung haben, ohne dass Ihre Umwelt sich verändert. Das ist kein Trick. Sie machen sich nichts vor, Sie nehmen nur die Realität anders wahr. Bedenken Sie, Primaten können sich nicht über eine Blume oder über einen Sonnenuntergang freuen. Für sie ist das so normal wie alles andere. Wir haben vermutlich als einzige Lebewesen auf dem Planeten die Fähigkeit, die „gefährlichen" und „bedrohenden" Reize

abzuschwächen und uns ganz bewusst für das Glück zu entscheiden. Steckt hinter dieser Gabe ein Sinn? Religiöse Menschen denken häufig so, sie fühlen sich vielleicht verpflichtet, diese ihnen gegebene Gabe zu nutzen. Vernünftig wäre es.

„Deshalb ist es von enormer Bedeutung, dass wir pessimistische und negative Gedanken von uns fern halten. Deshalb ist es so wichtig, dass wir uns, wie ein Bildhauer, für unser Lebenswerk als den Urheber ansehen. Dies ist der Schlüssel für ein erfülltes und positives Leben. Erst wenn wir uns als Dirigent unseres Lebens ansehen, können wir verstehen, dass wir nur durch eine innere Wandlung auch unser Leben zum Positiven wenden können. Wir alle haben in uns die Fähigkeit, Glück zu empfinden und unserem Leben die Richtung zu geben, die wir uns wünschen. Wir alle tragen in uns den Samen für ein positives Leben. Durch unsere Einstellungen bestimmen wir also, ob unsere Erfahrungen mit unseren Mitmenschen gut oder schlecht sind. Wir schaffen die Realität zuerst in unserem Kopf und dann in der Wirklichkeit. Man nennt das selbsterfüllende Prophezeiung."[31]

Machen Sie doch einen Versuch. Wenn Sie das nächste Mal spazieren gehen, nehmen Sie sich vor, für ca. 10 Min. nicht zu reden, sondern nur Positives wahrzunehmen und einen kleinen Moment dabei zu verweilen. Sie werden erstaunt sein, wie gut Ihre Stimmung dann ist. Das können Sie zur Abschreckung auch 10 Minuten andersherum machen: Achten Sie nur auf das Schlechte, z.B. auf die Plastiktüte in der Hecke, den Hundehaufen auf dem Gehweg,

---

[31] Von Doris Wolf, aus www.psychotipps.com

den unverschämten Radfahrer und die verwelkten Blumen. Sie werden den Unterschied nicht für möglich halten. Probieren Sie es aus. Wir sind die Manager unseres Glückes oder die Verursacher des Unglücks. Jeder der gelesenen und gedachten Sätze verändert unser Gehirn ein klein wenig. Sorgen wir dafür, dass es die richtige Richtung nimmt und gutes Futter bekommt.

Wie geht es jetzt weiter?

Der nächste Schritt könnte praktisch wieder an der momentanen Wahrnehmung ansetzen und die darauf folgenden Handlungen mit einbeziehen. Wir müssen lernen, wie wir das innere Erleben unserer Emotionen angemessen in Handlungen umsetzen können. Ziel ist es, dass wir unsere Gedanken und Gefühle unmittelbar im Moment ihres Entstehens spüren. Wie auch bei den anderen Vorschlägen sollte der Gedanke oder die Emotion erkannt und identifiziert werden. Das funktioniert am besten mit einem inneren Beobachter, der Ihnen sagt, was gerade abläuft. Das geht am besten während des ruhigen Ausatmens. Dann wird eine fruchtbringendere „Weiterverarbeitung" möglich. Das funktioniert z.B. durch Unterdrückung der automatisch auftauchenden Bewertung oder den Einsatz der schon gefundenen Relativierung. Wenn negative und positive Gefühle gleichzeitig auftreten, werden Sie automatisch (weil biologisch so vorgesehen) bei den negativen sein und bleiben wollen. Hier ist deshalb wichtig: Ausatmen, feststellen und STOPP! Was ist auch positiv?

6. Geht eine Kompetenzverbesserung durch das Ausatmen?

Zunächst scheint das absolut unglaublich oder lächerlich zu sein, aber es funktioniert tatsächlich. Dazu muss man aber einige Dinge wissen, beachten und vor allem einüben (TUN). Diese Kompetenzverbesserung lohnt sich besonders für viele Dinge, von denen Sie bereits gelesen haben. Die Kompetenzverbesserung können z.B. sein:

wirklich gut zuhören
nicht mehr bewerten,
Rückbindung vermeiden,
Fruchtbringendes senden,
Dissonanzen unterdrücken,
Angst und Unsicherheit verhindern,
Stressimpulse abblocken,
mehr Glück empfinden usw.

Die folgende Ausatemübung kann für alle diese Bereiche genutzt werden. Setzen Sie sich aber vorher hin und versuchen Sie zu spüren, welcher Bereich Sie am meisten anspricht oder der wichtigste für Sie sein kann. Dann legen Sie mit dem Bereich los. Lesen Sie diesen Teil evtl. noch einmal und machen Sie sich dazu Notizen.

Mit diesem Vorgehen sind die ersten fruchtbringenden Schritte eingeleitet. Es funktioniert dann schon alles recht gut und Verbesserungen können schon bemerkt werden. Das hilft auch beim persönlichen Stressmanagement, wie wir noch sehen werden. Sie müssen es nur machen. Lesen und Wissen reicht in diesem Fall nicht aus.

Aber kommen wir zurück zum Ausatmen. Aufgeregte, stark motivierte, aggressive, dominante und nervöse Menschen antworten sehr schnell, ohne eine Pause abzuwarten. Dabei zeigen sie eine starke Energie. Das sagt dem durchschnittlichen Zuhörer aufgrund seiner Lebenserfahrung: *Das wird unangenehm, möglicherweise sogar aggressiv, aber bestimmt laut und unerfreulich.* Menschen wollen das natürlich nicht. Viele entwickeln sofort eine ablehnende Haltung gegenüber diesem Menschen und denken, dass der bestimmt nicht nachdenkt, obwohl er Zeit dafür hätte. Möglicherweise ist er sogar etwas dumm und unerfahren. Auf jeden Fall „belastet" er. Das muss nicht so bleiben. Veränderungen sind möglich!!

Hat der Angesprochene gelernt, <u>vor</u> jeder Antwort und Reaktion zuerst einmal bewusst ruhig auszuatmen und erst dann zu antworten oder zu reagieren, dann vergehen zunächst 2 – 4 Sekunden der Ruhe. Diese fallen absolut nicht als Störung auf. Im Gegenteil, sie erzeugen sogar beim Beobachter die Idee der Gründlichkeit, der Ruhe und Vernunft. Gleichzeitig geben diese Sekunden dem Antworter die Zeit, wirklich nachzudenken und Ungünstiges abzuschwächen oder ganz wegzulassen. Diese mögliche Zeit reicht erfahrungsgemäß völlig aus, um sich selbst zu beobachten und zu überlegen, wer eigentlich das Problem hat. Eine vernünftige Antwort kann gesucht werden, Bewertungen, Stress und Angst kann man stoppen (oder auch andere Interventionen können eingebaut werden)[32].

---

[32] Wird auch im Stressmanagement und Sport benutzt als PSI (positive Selbstinstruktion)

Homöostatisch, biologisch und psychologisch passiert aber noch viel mehr. Bewusstes Ausatmen beruhigt schnell und gründlich unseren Kreislauf. Es blockiert Aggression und Aufregung, fährt vorhandene Emotionen schnell runter. Das kann man nachmessen und beweisen. Jetzt sind die Möglichkeiten viel größer, wirklich etwas Vernünftiges zu sagen oder zu machen.

Das Beste kommt aber erst danach. Langfristig glauben die Menschen, dass sie verträglich, vernünftig und lebenserfahren sind und dass sie eine erheblich größere Lebenskompetenz besitzen. Damit haben sie sogar letztendlich wirklich Recht. Sie sind jetzt sozial gesehen viel wertvoller. Ihnen wird man ziemlich schnell auch größere und schwierigere Aufgaben zutrauen und das alles nur, weil sie „vernünftiger" ausatmen und einen inneren Beobachter nutzen.

Das ist tatsächlich einfach. Allerdings muss es sehr gründlich eingeübt werden, so dass es automatisch immer funktioniert. Nehmen Sie sich also vor, die nächsten Tage z.B. in mindestens 10 Fällen oder von 11 – 12 Uhr, ganz bewusst das Geplante einzuhalten. Wenn das funktioniert, verlängern Sie die Übungszeiten mehrmals, bis alles von allein abläuft.

Erhöhen Sie erst dann, wenn der erste Schritt sehr gut funktioniert. Es hat sich gezeigt, dass es sehr hilfreich und förderlich für das Lerngehirn ist, jeden Tag eine Art Tagebuch oder Protokoll zu führen, dabei bewusst zurückzuschauen. Halten Sie das Geleistete fest und seien Sie auch etwas stolz darauf. Das macht alles einfacher und verstärkt den

Lernerfolg deutlich. Es wird sich lohnen! Ein einfacher Satz ist um ein Mehrfaches besser als gar keiner.

Das funktioniert auch bei Stress
Diese Übung reduziert auch Stress automatisch in unglaublichem Maße und ermöglicht Reaktionen, die zuvor so nicht möglich gewesen sind. Das gilt auch für Menschen, die leicht aufbrausen und wenig kontrolliert sind. Die Mitmenschen werden staunen, wie verträglich und gelassen man mit Ihnen umgehen kann. Wenn Sie z.B. bemerken, dass Sie wütend werden, wird Ihre Wut viel schwächer ausfallen (bis zu 80%), es wird leichter einen „kühlen" Kopf zu bewahren. Daraus abgeleitete Aggressionen werden natürlich ebenfalls in großem Maße nachlassen oder sogar ganz verschwinden. Damit wird auch klar, dass die Behauptung *„Ich bin halt so!"* heißen müsste *„Ich habe mich so entwickelt, warum auch immer, aber jetzt weiß ich, dass ich das ändern kann."* Hilfreich sind vielleicht noch einige Beispiele:

„Stopp, wenn ich hochgehe, schade ich in erster Linie mir selbst!" „Halt, die Schranke wird nicht hochgehen, wenn ich hochgehe!" „Was ist im Moment gefährdet? Bestehen Gefahren für meine Gesundheit, für mein Leben?" „Stopp, das bringt nichts!" „Ist doch klar, dass mich das hier jetzt stresst!"

Jeder der Sätze verändert unser Gehirn ein klein wenig und reduziert die körperliche Stressreaktion erheblich. Wenn Sie nur einen vom solchen Sätzen in den Anfängen von Stress denken, also während des ruhigen Ausatmens, wird die Organreaktion unglaublich geringer ausfallen. Das kann man auch messen. Zur Not machen Sie sich eine Karteikarte und klemmen sie auf Ihren Lenker oder ans Telefon. Hauptsache Sie machen es.

Werden Sie glücklicher

Bei wohltuenden Emotionen verstärkt sich die positive Wirkung besonders, wenn Sie bewusst wahrnehmen: *„Das tut mir gut."* Sie bleiben etwas länger in der Situation und das Gedächtnis erinnert sich später leichter daran. Sie verbessern mit diesen Arbeitsschritten ihre Befindlichkeit und langfristig auch Ihre Gesundheit. Das merken auch Ihre Mitmenschen, die Beziehungen vertiefen sich und werden leichter und unbeschwerter. Das kann man noch verbessern. Wenn Sie alles schon gut hinbekommen, können Sie anfangen, einen weiteren Schritt zu machen, um mehr Glück und Gelassenheit herzustellen. Es genügt dabei nämlich nicht, glücklich zu sein, man muss sein Glück auch wahrnehmen, pflegen und vermehren.[33] Wir vernachlässigen oft unsere angenehmen Empfindungen. Das hat ja biologisch einen vernünftigen Grund. Wenn z.B. ein positiver Gedanke und gleichzeitig ein negativer auftauchen, was ja recht oft vorkommt, werden wir uns, wie wir schon wissen, mit dem negativen beschäftigen. Er enthält in der Regel für uns nachteilige oder gefährliche Dinge, die es zu bearbei-

---

[33] Giovanni Fava et. al. Well-being therapy, 1998, Psychological Medicine, 28, S. 475-480 sinngemäß: Matthieu Ricard, 2007, GLÜCK,

ten gilt. Das hat unbestritten Vorrang, einen Überlebensvorteil und erhöht die Gen-Fitness. Trotzdem ist es nicht klug. Praktisch heißt das:

 Ab jetzt sorgen wir selbst für unser Glück und auch für das Wohlbefinden unserer Mitmenschen.

Jeder der gelesenen und gedachten Sätze verändert unser Gehirn ein klein wenig. Das gilt auch für Gehörtes. Auch das verändert unser Gehirn. Deshalb sprechen Sie mit anderen Menschen darüber und helfen Sie bei der Entwicklung einer menschlicheren Gesellschaft. Man sagt zwar schnell, dass man allein wenig ausrichten kann. Aber das ist sehr viel, wenn man genau hinsieht.

7. Neue Handlungsoptionen durch mentales Training[34]
Bis jetzt haben wir nur das Verhalten in Einzelfällen betrachtet, die Sie auch wechseln und austauschen können. Bedeutend dabei ist, dass es viele Möglichkeiten gibt, die individuell ausgesucht und angewendet werden können. Extrem vereinfacht wird es dadurch, dass nur eine Technik benutzt werden kann, die auch einen schnellen Wechsel ermöglicht. Es gibt aber noch einen weiteren Vorteil.

Mit jeder einzeln durchgeführten Intervention und Übung wird unser Gehirn, wie wir jetzt wissen, um einen kleinen Teil umprogrammiert, teilweise wird Altes überschrieben. Wenn man es viele Male anwendet, wird es dazu führen,

---

[34] Ist auch sehr wirksam im Leistungssport

dass auch die eigene Haltung und die zusätzliche Kompetenz auf anderem Gebiet sich positiv entwickeln wird. Neue Gebiete können erschlossen werden. Es wird zusätzlich noch ein Effekt einsetzen, an den man nicht denkt und auf den man erst bei weiterem Ausprobieren und Nachdenken kommt, der aber sehr angenehm und wirksam sein kann.

Sie werden mehr Zeit für sich und ihre Ziele haben. Effektivere Kommunikation, viel weniger Aufregung, Streit, Aggression, Angst und eine konstruktivere Haltung bei Konflikten werden „Zeit schenken" und merklich mehr Freiheit auslösen bei gleichzeitiger Verbesserung des Befindens und der bestehenden Beziehungen. Einen kleinen Schritt in eine bessere Gesellschaft sind Sie dann gegangen.

Damit der Zusammenhang ein wenig größer, wichtiger und allgemeiner gesehen werden kann, sind einige Zusatzbemerkungen wichtig. Alles hängt neben dem TUN mit einer kleinen Zeitspanne zusammen, die jetzt noch einmal eine besondere Ehre und verdiente Beachtung erhalten soll.

Die mystische Zeitspanne in der Wahrnehmung.
Die kurze Zeitspanne während des Ausatmens hat diese unschätzbare Bedeutung für Veränderung und persönliches Wachstum, die man nicht genug wertschätzen kann. Sie stellt bildlich gesprochen einen „inneren Beobachter" dar. Werfen wir nochmal einen Blick auf die innere Reizverarbeitung, auf den kurzen Moment, an dem Sehen, Hören und beginnende Wahrnehmung im Bewusstsein eine wei-

tere Verarbeitung startet. Dieser kurze Zeitraum ist so etwas wie ein <u>extrem fruchtbarer Moment</u>, wenn man gelernt hat, ihn zu bemerken und zu nutzen. Hier entscheidet sich sehr viel über die Emotionshöhe, die Stressdosis, die Art und Qualität der Gefühle und die Wege für weitere Reaktionen und über die Qualität Ihrer Haltung und Gehirnfunktionen. Die Lebensqualität wird sich dadurch wirklich erheblich verbessern. Gleichzeitig wird ein kleiner, entscheidender Beitrag für die Entwicklung unserer Gesellschaft geleistet. Mit einer gezielten Bearbeitung sind hier vielfältige Verbesserungen möglich. Wenn Sie es sich nicht so gut praktisch vorstellen können, so nehmen Sie die nächste auftretende Situation, in der etwas zu Ihnen gesagt wird oder Sie ein Verhalten beobachten. Atmen Sie dann ruhig aus und fragen Sie sich:

Freue ich mich?
Belastet es mich?
Ist es noch neutral?

Sagen Sie dann z.B. zu sich selbst:

Es ist doch schön! => Genieße es!
Ich merke, wie Ärger hochkommt! => Stopp!
<u>Du</u> ärgerst dich, weil du bewertest.

Schon jetzt sind die inneren Abläufe extrem weniger aufregend und ärgerlich. Jeder weitere relativierende Gedanke schwächt das Gefühl ab. Machen Sie es einfach zunächst für sich selbst. Danach ist es auch für alle einfacher und leichter. Die dann gegebene Antwort wird eine völlig andere

Qualität haben. Das bedeutet konkret, dass Sie bei der ersten Beobachtung nach der Wahrnehmung eine der schon diskutierten Interventionen einsetzen können. Dabei haben Sie die Wahl. Wenn dies auch jetzt eine Wiederholung ist, stellen Sie alles für einen Plan und Ihre Bedürfnisse zusammen. In welchen Bereichen möchte ich etwas verändern? Was mache ich als erstes? Möglichst hinsetzten und anfangen. TUN ist notwendig!!!

Stress	relativieren,
Angst	rationalisieren (Stoppsatz)
Zuhören	beim Sender sein
Bewertung	Stoppsatz
Nachrichten	relativieren
Glück	bewusst genießen usw.

Vertrauen Sie auf Ihr Gespür und wählen Sie die Dinge, die Sie ansprechen, die Sie benötigen. Stellen Sie sich ein eigenes Übungsprogramm zusammen. Beginnen Sie aber unbedingt nur mit einem Wunschziel. Das können Sie später austauschen oder ergänzen. Versuchen Sie nicht alles auf einmal zu erreichen.

Viel Erfolg!

Anna dreht sich nicht um
auf ihrem Weg vom Haben zum Sein
Beziehungen ohne Gewalt

Dieses Buch entstand auf dringendem Wunsch von einer Supervisions- und Fortbildungsgruppe von Therapeuten*innen. Sie wünschten sich eine Unterlage für Therapieersatz, Vorbereitung, Begleitung und Nachsorge. Das wäre aber ein unattraktives Fachbuch geworden, was Belastete nicht lesen werden. Deshalb wurde alles in einer Geschichte erzählt.

Dies ist die Geschichte von Anna. Sie ist eine moderne, intelligente Frau, führt ein „normales" Leben, bis sie erkennt, dass ihre persönliche Entwicklung stagniert und die Veränderungen der Gesellschaft ihr zu viel Kopfzerbrechen bereiten. Energiegeladen und hartnäckig beschäftigt sie sich in den folgenden Lebensjahren mit aktuellen Problemen des Zusammenlebens und der persönlichen Entfaltungsmöglichkeiten. Sie durchlebt die wichtigsten Entwicklungsschritte, um eine neue zwischenmenschliche Qualität zu erreichen, die ihresgleichen sucht. Bewundert und hoch geachtet wird sie ein nachahmenswertes Modell und ein Vorbild für nahezu alle Bekannten. Sie hinterlässt in ihrer Familie und in der Arbeitswelt ein Muster, das ein menschengerechteres Zusammenleben möglich macht. Dieses Buch ist eine Geschichte, jedoch auch eine praktische Anleitung über individuelle Entwicklungsmöglichkeiten für moderne Menschen, die eine menschengerechtere Zukunft und gewaltfreie Beziehungen erhoffen, über Freiheit, Selbstverwirklichung und Zufriedenheit. Anna lädt ein auszuwählen, zu spüren und mitzumachen.

Neu daran ist, dass es stringent auf die heutigen Möglichkeiten des "modernen" Menschen abgestimmt ist. Wenn man so will, eine Art Kursbuch für persönliche Entwicklung und Entfaltung, für Glück und Zufriedenheit. *Es ermöglicht dem Leser oder der Leserin, Einzelheiten zu erkennen, deren Nutzen zu begreifen und die ersten individuellen Schritte für eine persönliche Umsetzung einzuleiten. Als Nebeneffekt entsteht dadurch auch eine konkrete Idee von einer anderen Form des Zusammenlebens.* Es wird offensichtlich, dass eine gewaltlose soziale Lebensform in der Zukunft möglich wird, die wir dringend nötig haben.

Glück finden
Suche nach einer angemesseneren Form des Zusammenlebens in der Zukunft

Wie bleibt der Mensch frei und unabhängig, obwohl er in der Gemeinschaft leben und Rücksicht nehmen muss? Wie muss dieses Zusammenleben persönlich, wirtschaftlich, politisch ausgeprägt sein, um damit zufrieden und glücklich sein zu können? Welche Möglichkeiten gibt es hier und heute, so etwas umzusetzen?

Solche Fragen werden in diesem Buch beantwortet und mit jedem »Sehen« und »Kennenlernen« werden Sie als Leser weitere Schritte und Wege für eine menschlichere Zukunft erkennen. Sie sehen und verstehen die Dinge um Sie herum besser, für Sie und andere werden völlig neue Wege möglich. Ungeahnte Chancen tauchen plötzlich auf und können genutzt werden. Eine menschengerechtere Gesellschaft wird möglich.

POLIZEI
Ein zweites Curriculum

Die meisten Menschen wünschen sich eine gute Polizei. Sie fordern damit eine moderne, wirksame und angepasste Organisation und eine optimale Ausbildung für einen Beruf, der zu den schwierigsten und anspruchsvollsten gehört. Es ist nicht damit getan die Polizei und Rechtsgebiete zu erlernen. Die vielfältigen Aufgaben und Anforderungen der modernen Zeit erfordern eine unüberschaubare Menge an sehr speziellen Zusatzqualifizierungen. Dieses Buch beschreibt davon einen Teil, der normalerweise nicht beachtet wird. Mit anderen Worten: Sie finden hier ein *zweites Curriculum* mit Inhalten, die die Effizienz, die Bürgernähe, die Sicherheit und letztlich auch die Arbeitszufriedenheit erheblich verbessern können. Damit sind Voraussetzungen beschrieben, die es dem einzelnen Beamten und der einzelnen Beamtin ermöglichen, berufliche Zufriedenheit und eine beeindruckende und außergewöhnliche Berufsqualität zu erlangen.

Ruin oder Erneuerung,
wir haben es in der Hand, aber nicht im Verstand

.

Wenn Sie das Gefühl haben, dass in unserer modernen
Gesellschaft und in vielen Beziehungen etwas nicht stimmt,
dass wir unseren Planeten ruinieren, dass Reiche immer
reicher und Arme immer ärmer werden, dass zu viel Gewalt
und Aggression auftreten, dass es zunehmend schwieriger
ist, wirklich glücklich und zufrieden zu sein, dann liegen Sie
mit diesem Buch genau richtig. Wir Menschen haben alles
erforderliche Potential, um eine menschengerechtere Gesellschaft und eine bessere Zukunft aktiv zu gestalten. Der
Psychologe Lothar Röhrig beleuchtet Hintergründe der aktuellen globalen, wirtschaftlichen und gesellschaftlichen Situation, schildert Auswirkungen auf die menschliche Psyche und zeigt auf, was der Einzelne konkret TUN kann, um
zufriedener, selbstbestimmter und menschengerechter zu
leben.

Einige Auszüge aus Rezensionen:

Ein Werk, lesbar und dennoch von erheblicher wissenschaftlicher Qualität, das im Zeitalter grassierender copy-paste-Konvolute nur umso höher einzuschätzen ist, nicht zuletzt schon deshalb, weil die Fülle und Qualität der Quellen und der Verweistechnik in der Tat bemerkenswert sind und zum weiteren Studium einladen.

Zu den gründlich recherchierten Ausführungen über die einigermaßen anspruchsvolle Materie gehört u.a. die Erkenntnis, dass der Zusammenbruch des Sozialismus nicht etwa „das Ende der Geschichte", den Beginn einer Ära ungehinderter Prosperität, des Wachstums und des Friedens eingeleitet hat, sondern vielmehr dem Kapitalismus einen seiner wesentlichen konfrontativen Stützpfeiler entzogen hat und seine inneren Widersprüche, Spannungen und Bedrohungen heute nur umso deutlicher zutage treten lässt: Klimawandel und Umweltverschmutzung, die zunehmende Verarmung ganzer Kontinente, eine Industrie, die Hyperkonsum und Ressourcenverschwendung anheizt und die damit einhergehenden zunehmenden Ungerechtigkeiten bei der Verteilung der erwirtschafteten Reichtümer (Picketty). Mit dem schlichten Verweis auf die unabänderlichen Folgen der Globalisierung werden in der öffentlichen Diskussion diese häufig tödlichen Tendenzen als integrale Bestandteile unserer Epoche reflektiert.

Diese Selbstmordmaschine und ihre dominierende Apologie in Wissenschaft, Presse und Politik führen schließlich in eine „Situation, die unterschätze Angst auslöst", in der die

Erfahrungen und Widersprüche in der Existenz des Einzelnen ihn der eigenen Welt entfremden und ratlos zurücklassen. Die aktuellen politischen Entwicklungen wie das Erstarken extremistischer Parteien durch die Abkehr der Menschen vom Parteiensystem, die Europafeindlichkeit und die Ablehnung des gesamten politischen und sozialen „Establishments" finden hier eine Erklärung.

Dem Autor gelingt es, quasi en passant, neben modernen verhaltensökonomischen Erkenntnissen vor allen Dingen entscheidende Grundlagen der Motivations- und Konflikttheorie zu vermitteln. So gelingt der Sprung von der analytischen Gesamtschau in die Schilderung der Komplexität der menschlichen Seele und des Handelns des auf seine reine Arbeitskraft, reduzierten und von sich und von sich allen anderen entfremdeten Menschen. Neben der offensichtlich immensen Erfahrung des Autors fließen auch Erkenntnisse der Gruppendynamik, der modernen Verhaltenspsychologie und der Naturwissenschaften mit ins das Werk ein, das nach einer Schilderung der Kakophonie der Bedingungen, die das heutige menschliche Handeln konstituieren, schließlich in einem Manifest zur Selbsterziehung des Menschen mündet.

Einige Rezessionen zu _diesem_ Buch (Vorläuferaus-gabe):

Ein ansprechendes und fesselndes Werk, das dazu anregt, sich mit gesellschaftlichen Themen zu beschäftigen. Der Text richtet sich an ein breites Publikum, vor allem aber an Lesern, die wirklich etwas bewegen wolle.

Das Büchlein ist jeden Euro wert und mehr. Der Autor kreist das Problem nicht langsam ein, sondern kommt gleich zur Sache. Er hat mich voll erwischt: schon wäh-rend man seinem Gegenüber zuhört formuliert man schon die eigenen Argumente und/oder hat schon nach 1-2 Sät-zen das Gefühl, dass er/sie versteckte Absichten etc. hat und hört nicht mehr neutral zu bis zum Ende. Dieses Buch ist sehr hilfreich, wenn man seine Mitmenschen besser verstehen will und besser kommunizieren will. Ist für alle Altersgruppen geeignet- ich bin so begeistert, dass ich es in kurzer Zeit 3x verschenkt habe. Ich hoffe, dass ich in Zukunft richtig zuhöre

Kurzweilig Informativ
Ich habe das Buch geschenkt bekommen, es ist dünn (was mir als nicht-Leser gefallen hat und mich zum Lesen animiert hat) und kommt direkt auf den Punkt. Man kann wahnsinnig vieles durch das Buch lernen in kurzer Zeit auch wenn man schon viel über Persönlichkeit, Kommuni-kation uä. weiß. Dieses Buch sollte jeder lesen, ich kann es sehr empfehlen!

Warum ich dieses Buch empfehle
Ich habe dieses Buch gesehen und es hat mich sehr über-
zeugt. Als ich mit dem Buch fertig war konnte ich so einiges überdenken, was mir dann auch in der Praxis weiter
geholfen hat.

Alles in Allem kann ich das Buch jedem empfehlen der etwas lernen möchte und sich selbst weiterentwickeln will.

Empfehlungen von Herzen!
Wie auch bei dem Buch davor bin ich restlos begeistert.
Es war kurzweilig und gut zu lesen. Achtung!!!!! Es regt
zum Nachdenken an.

Über den Autor Dr. Lothar Röhrig
Er ist 1946 in Hamm geboren, machte eine Lehre als Buch-
drucker, studierte Diplom-Verwaltungsrecht und später
Psychologie. 1996 promovierte er an der Universität Essen.
Er absolvierte zahlreiche Ausbildungen, unter anderem in
den Bereichen Verhaltenstraining, Konflikt- und Problem-
management, Stressbewältigung, Super-vision und NLP.
Er arbeitete unter anderem als Dozent für Psychologie,
Trainer, QMA, QMB, Supervisor, Mediator, Lehrer, Coach
und Therapeut. Seit 1994 war er als Qualitätsmanager bei
der Polizei Nordrhein-Westfalen tätig. Zurzeit arbeitet er als
Berater, Therapeut, Mediator und Konfliktmanager.

© 2023 Lothar Röhrig
Herstellung und Verlag:
BoD – Books on Demand, Norderstedt
ISBN: 9783757853532